Libro da Colorare per Adulti

MANDALA
Cani & Gatti

Copyright © 2022 – Wonderful Press
All rights reserved.

50
DISEGNI
ANTISTRESS

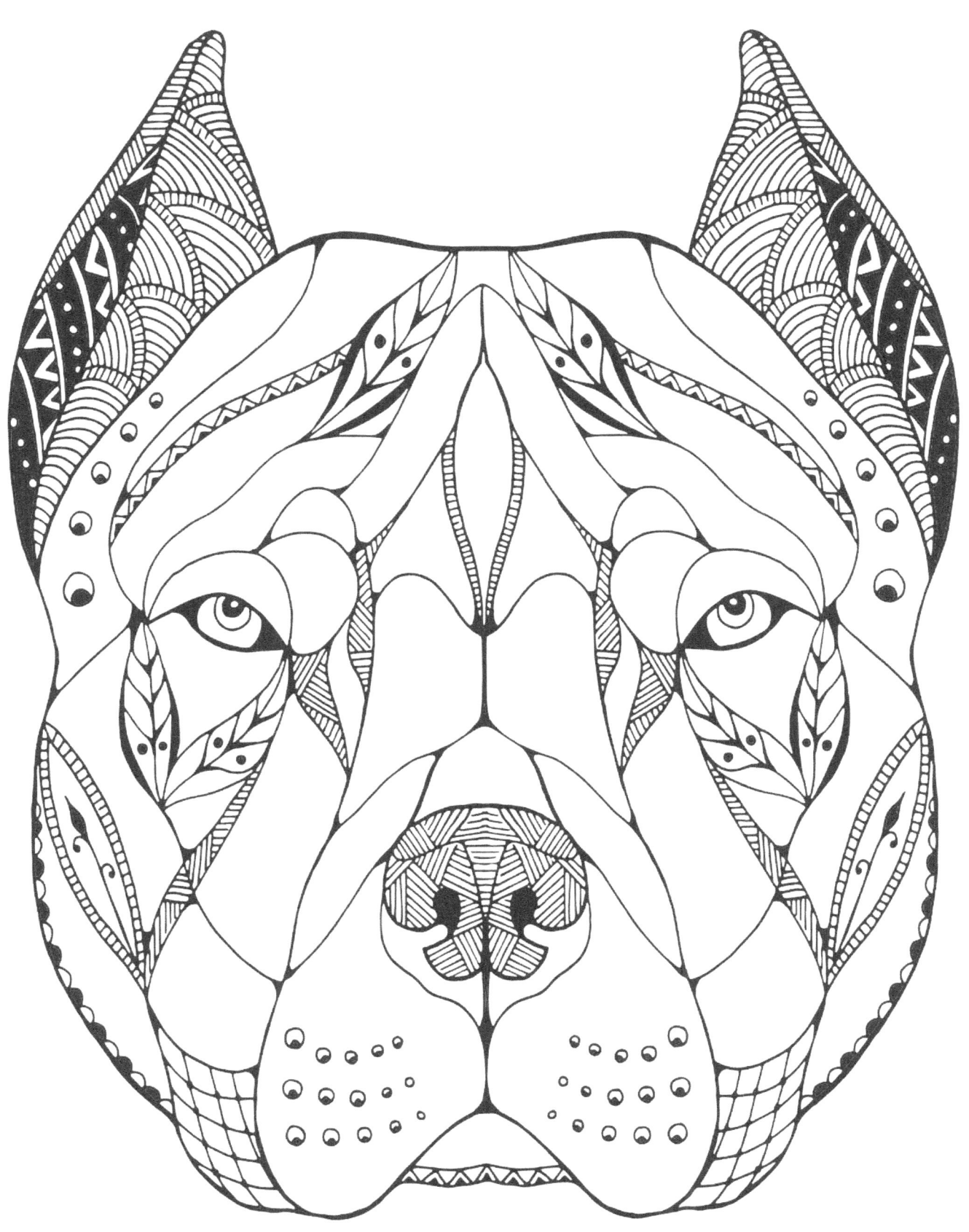

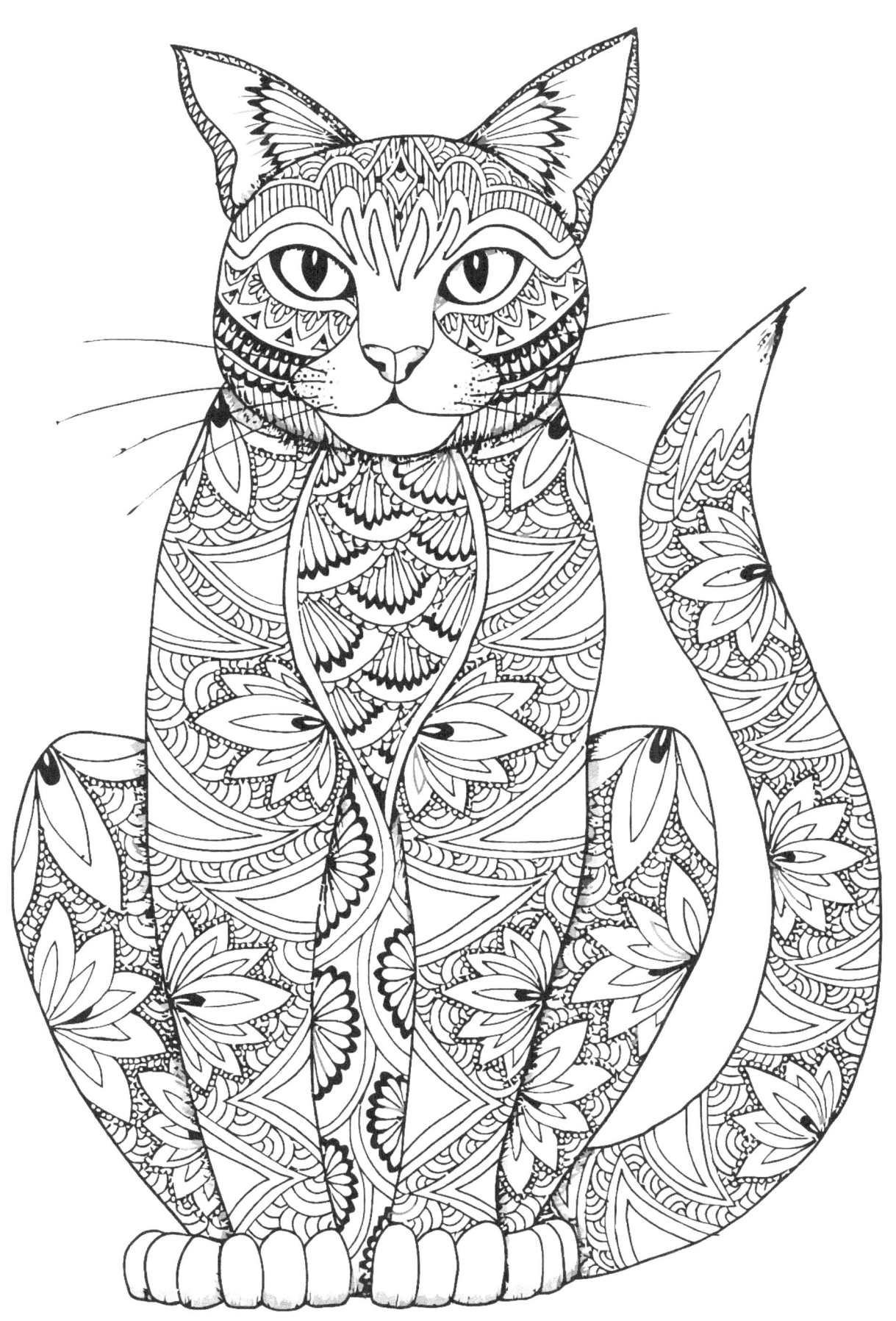

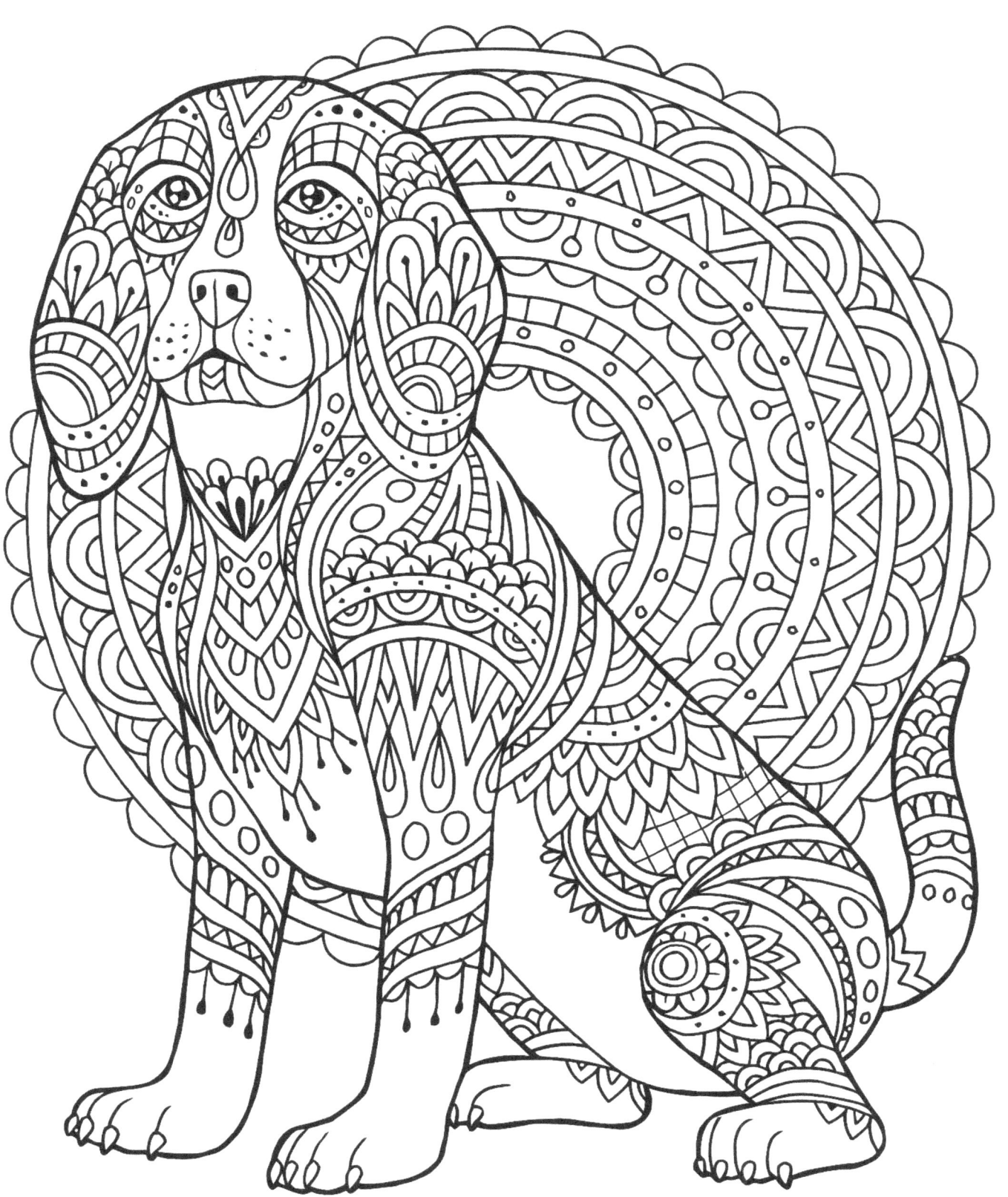

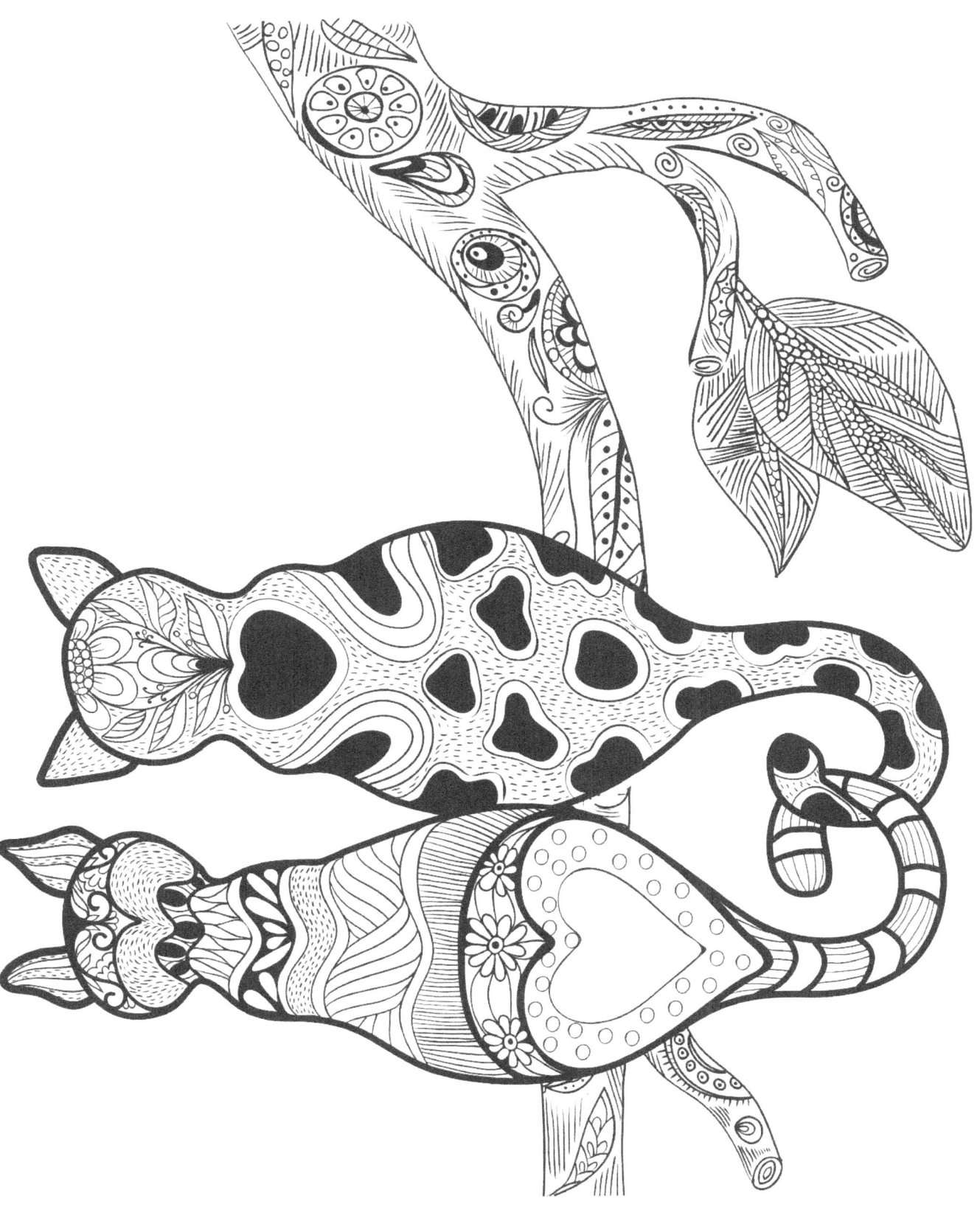

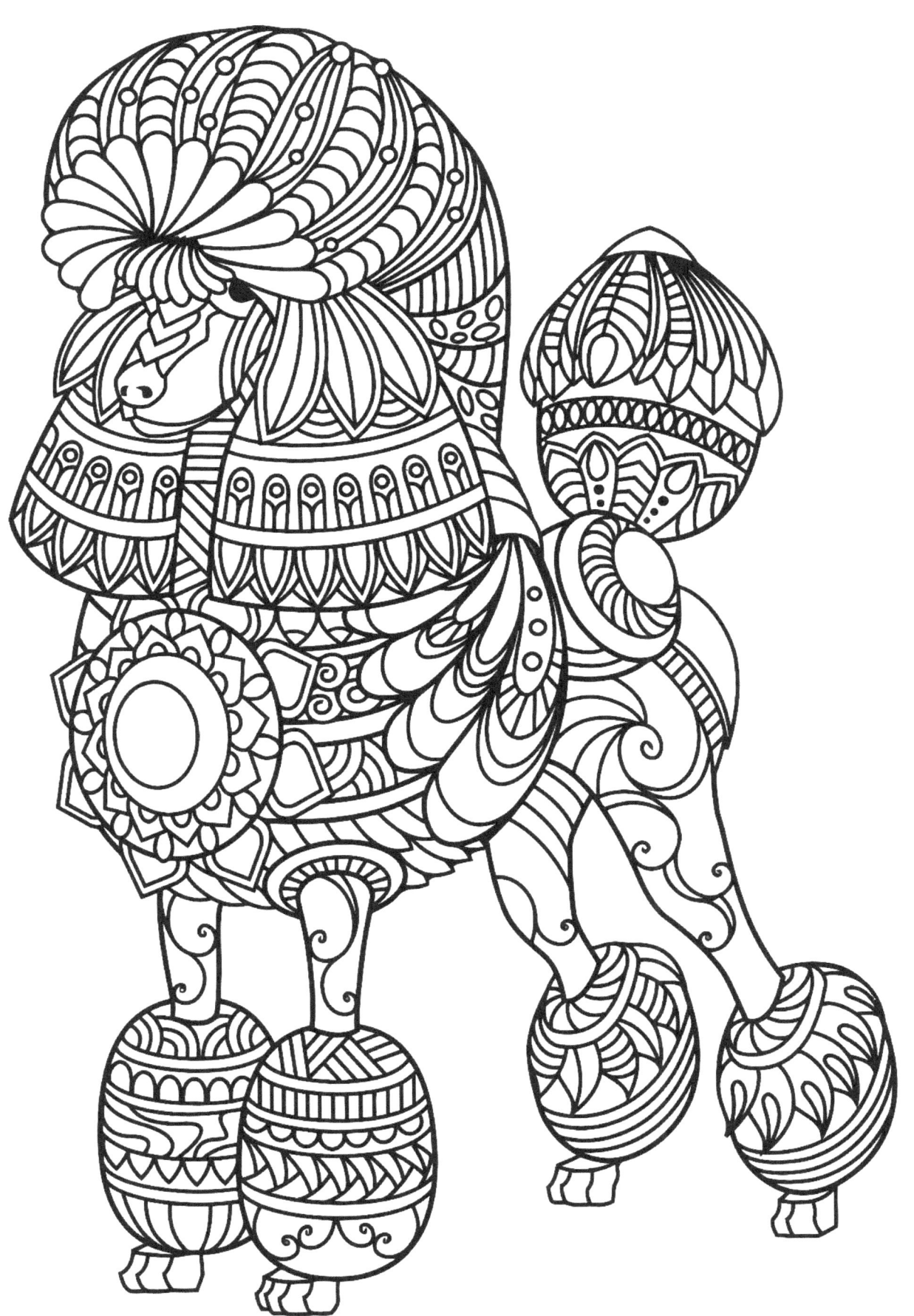

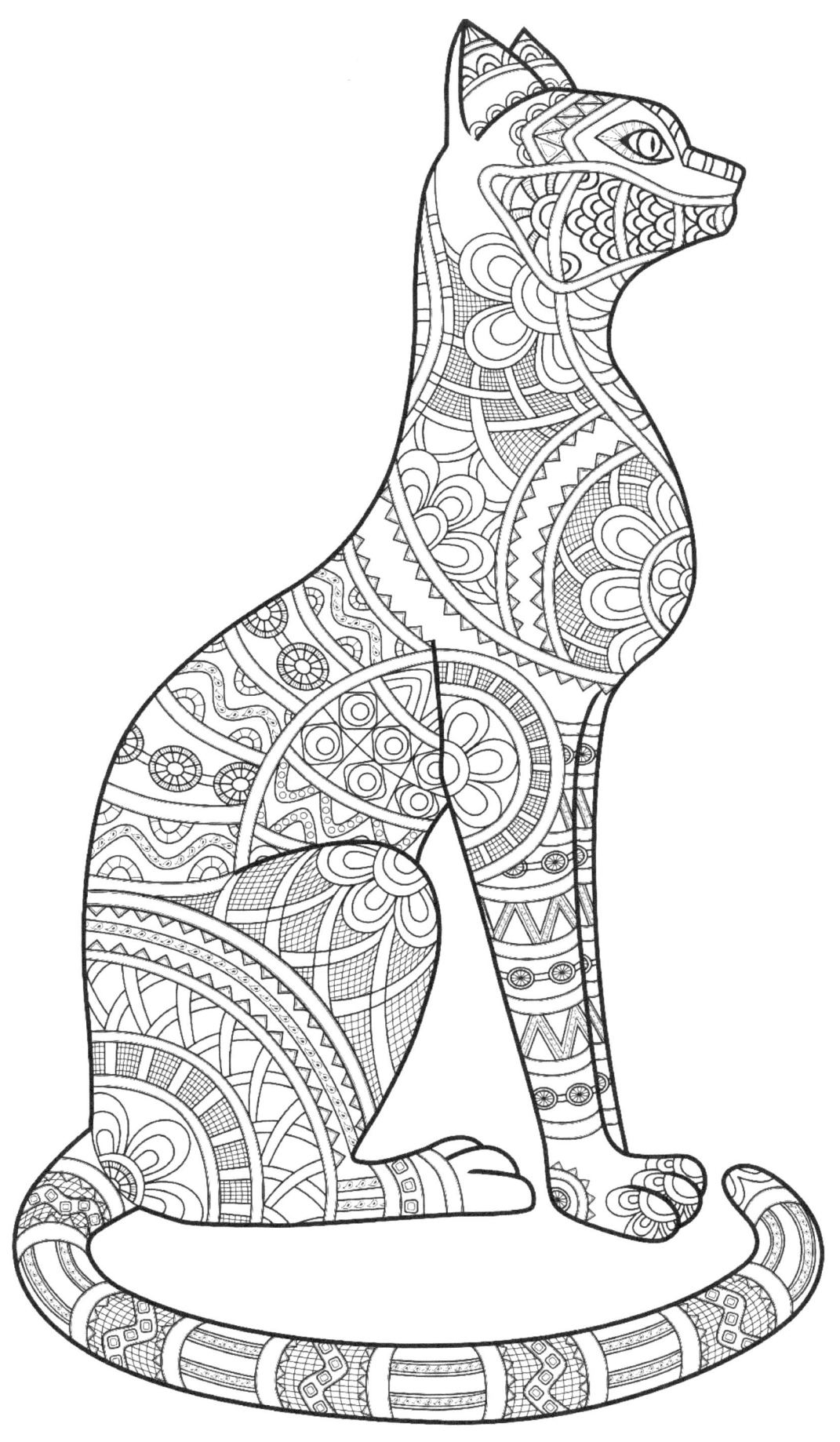

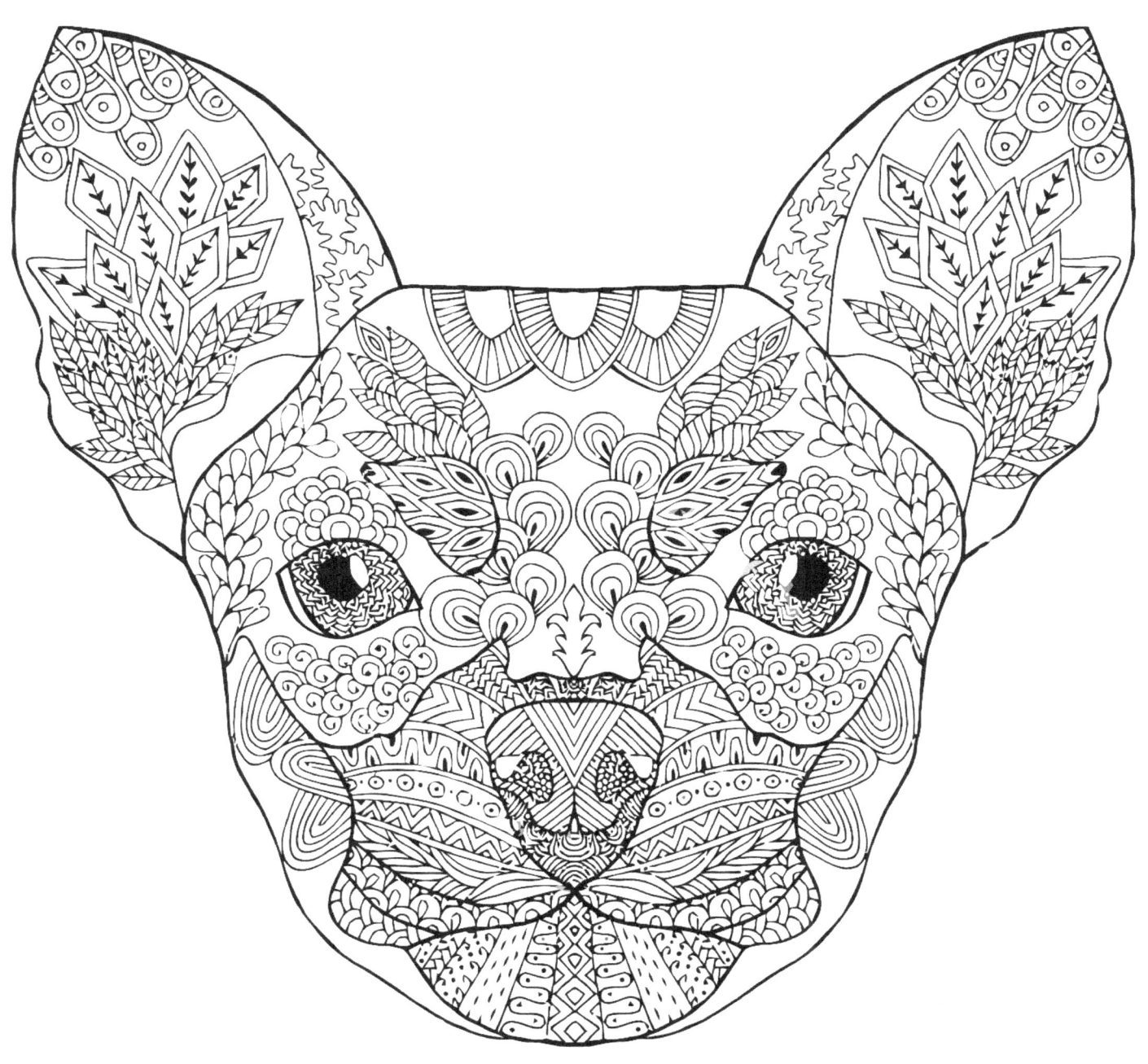

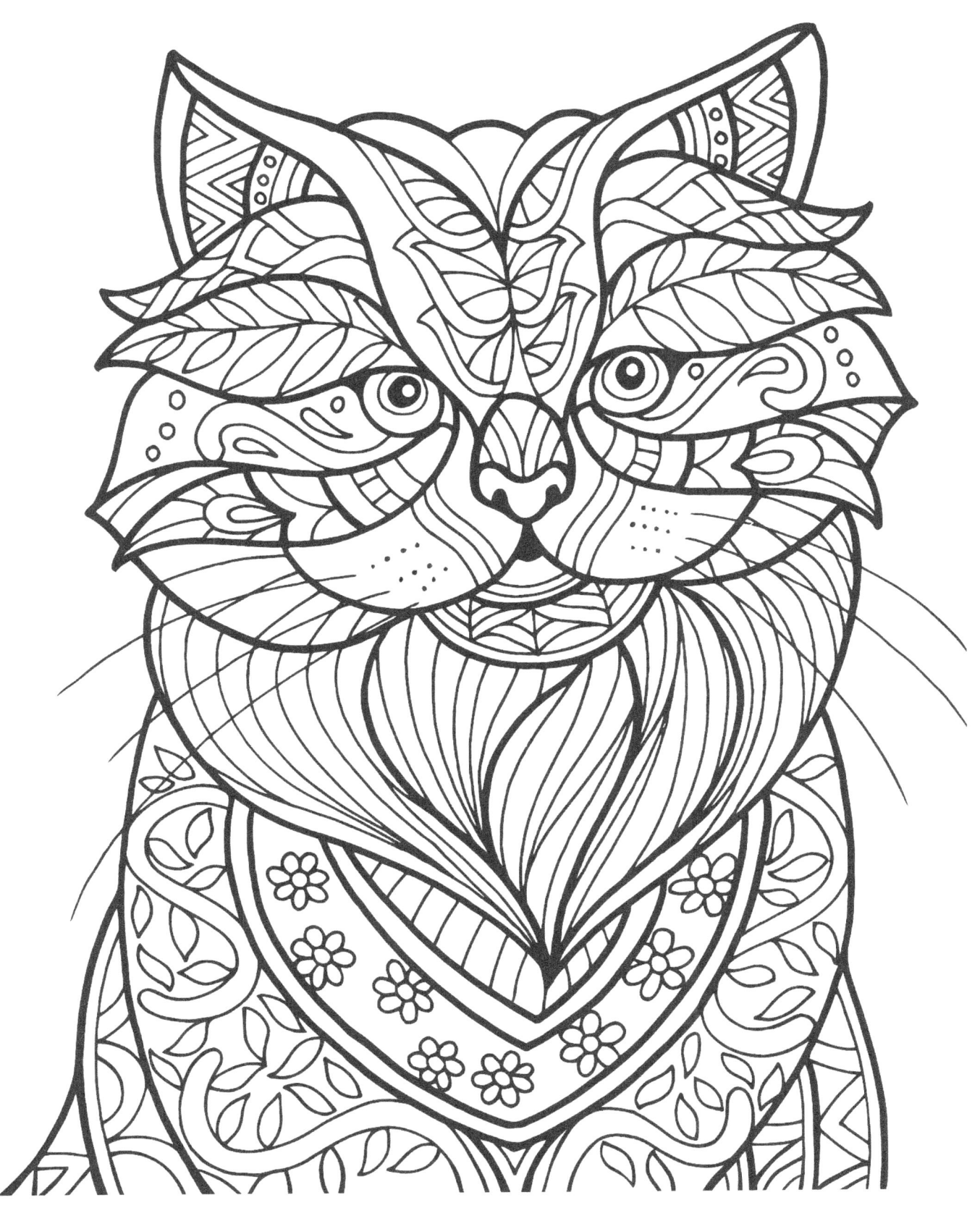

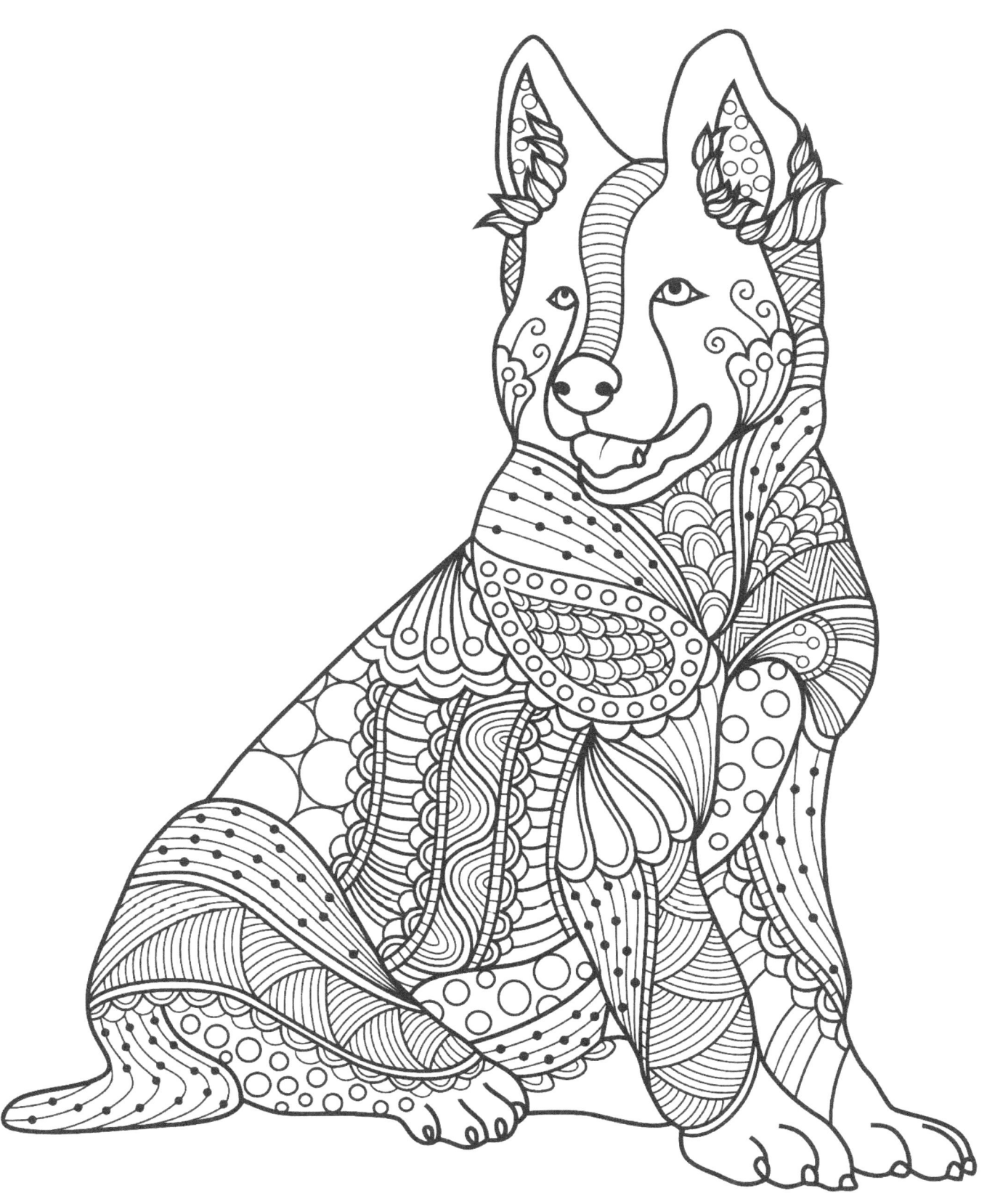

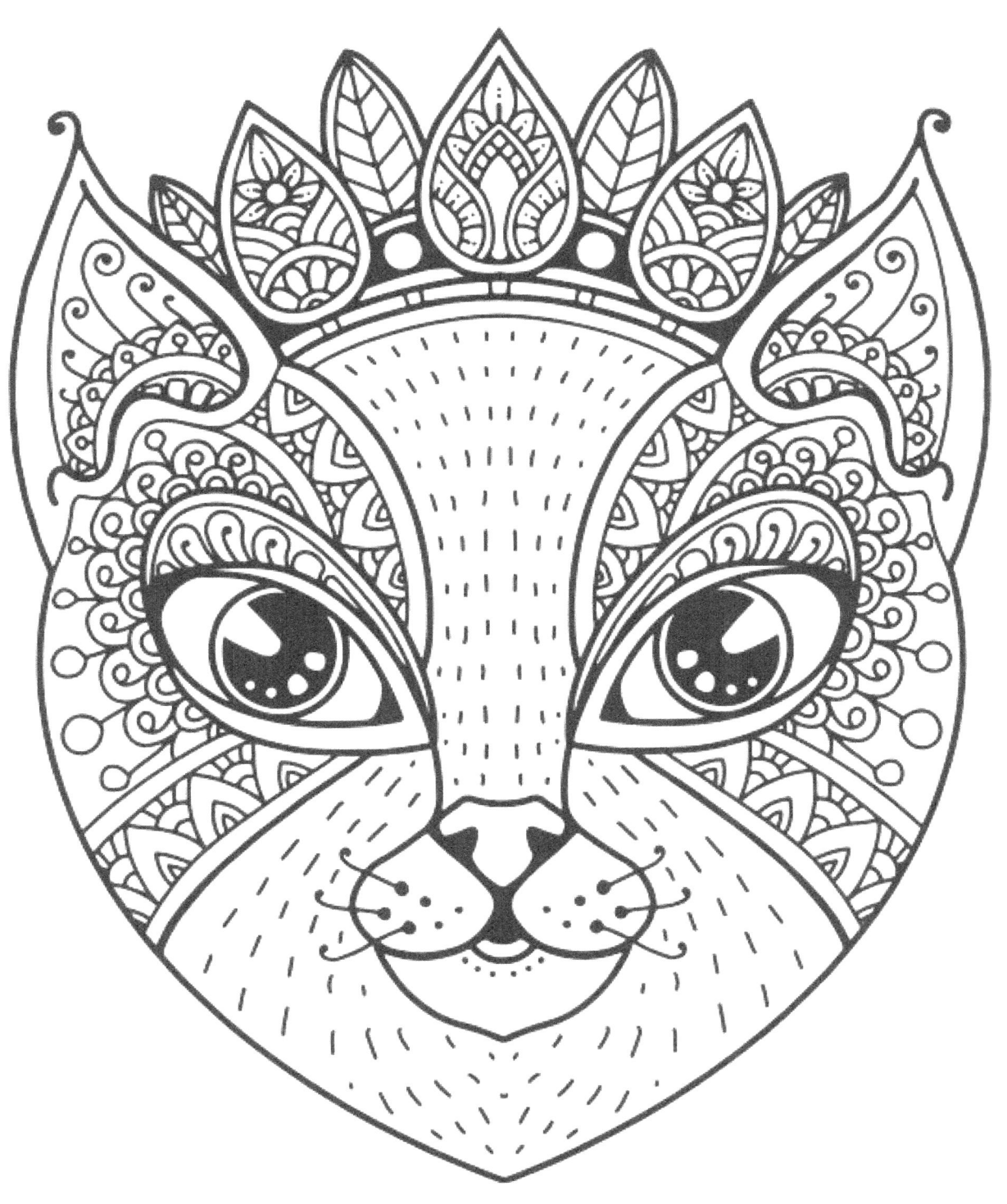

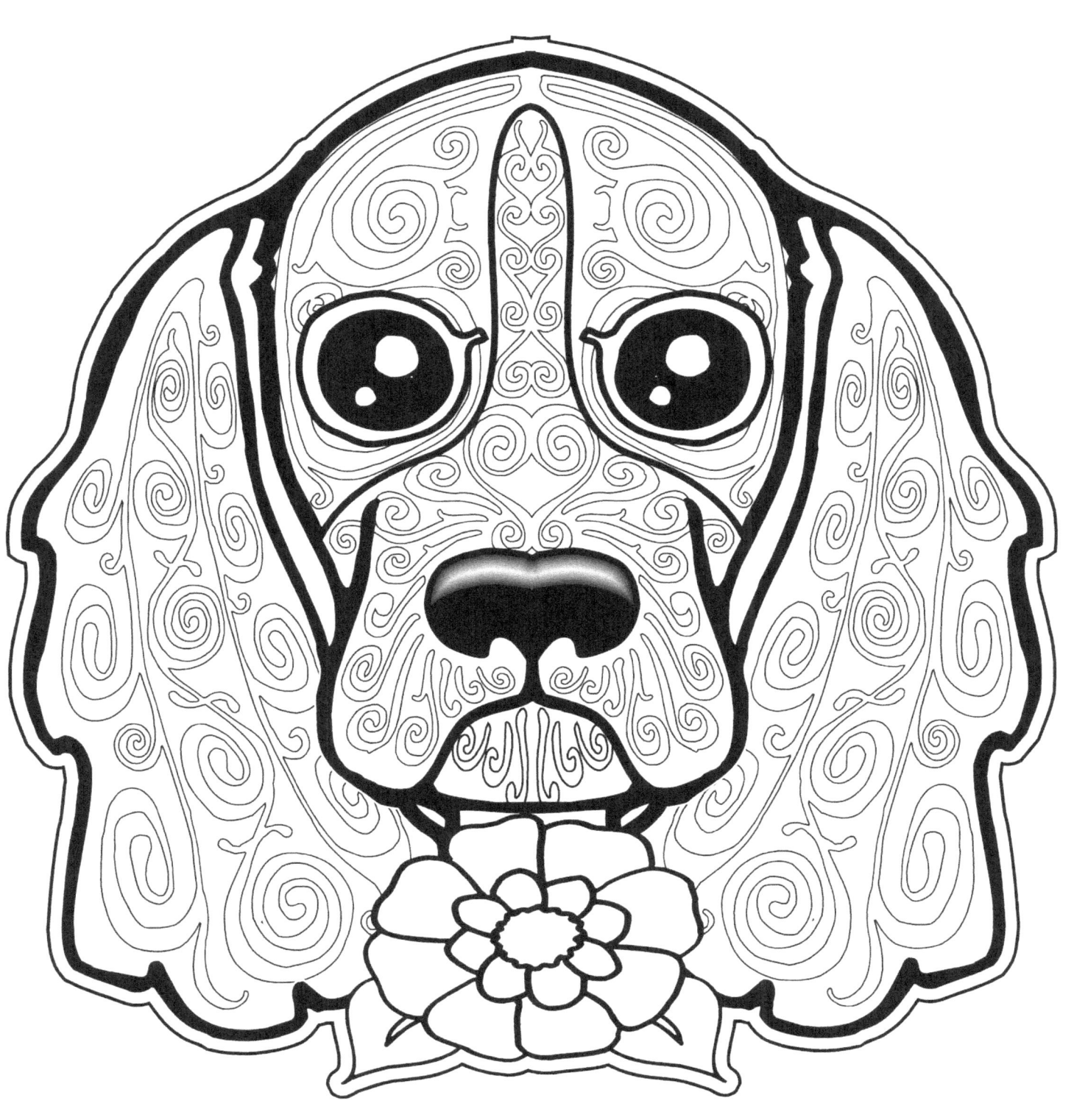

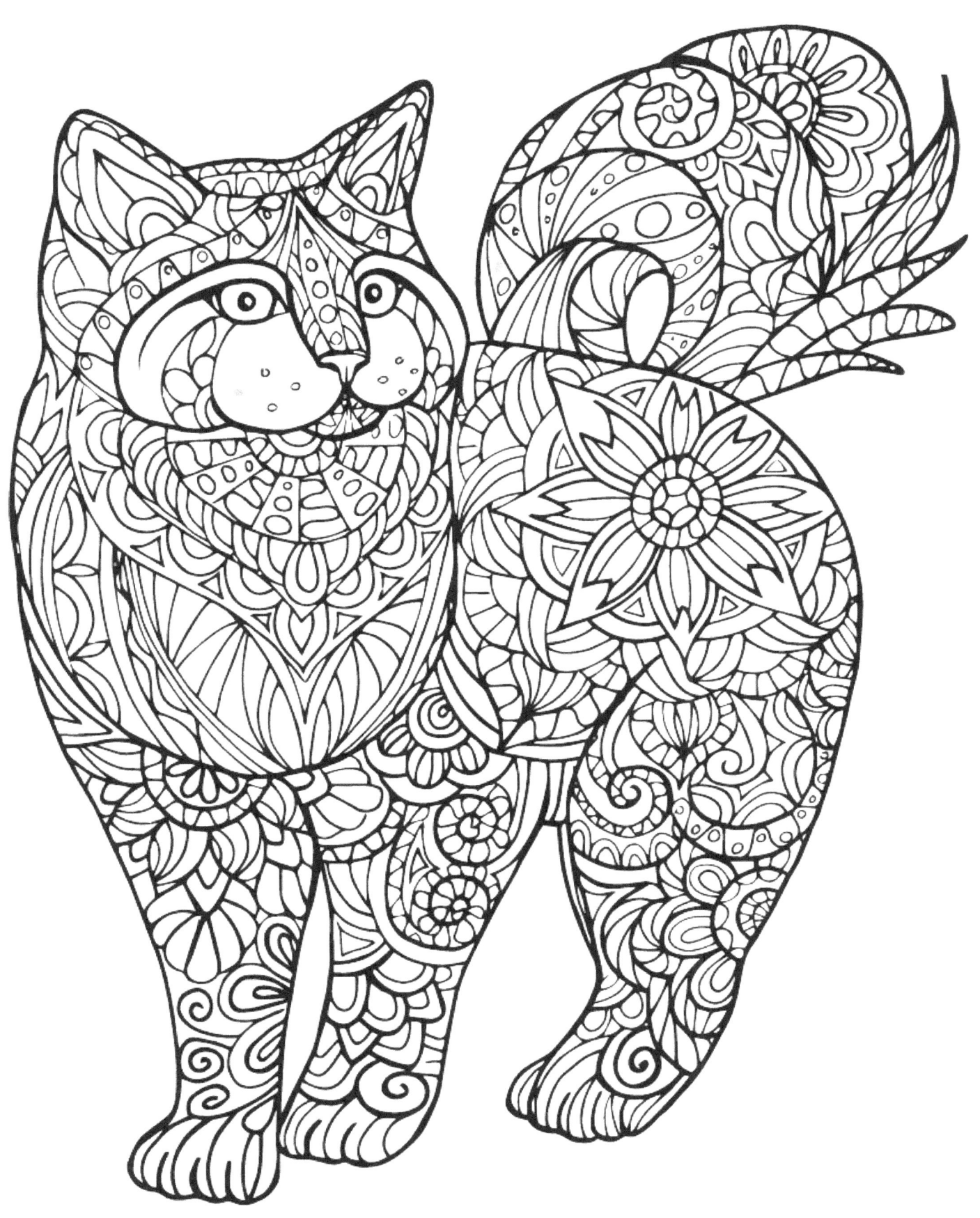

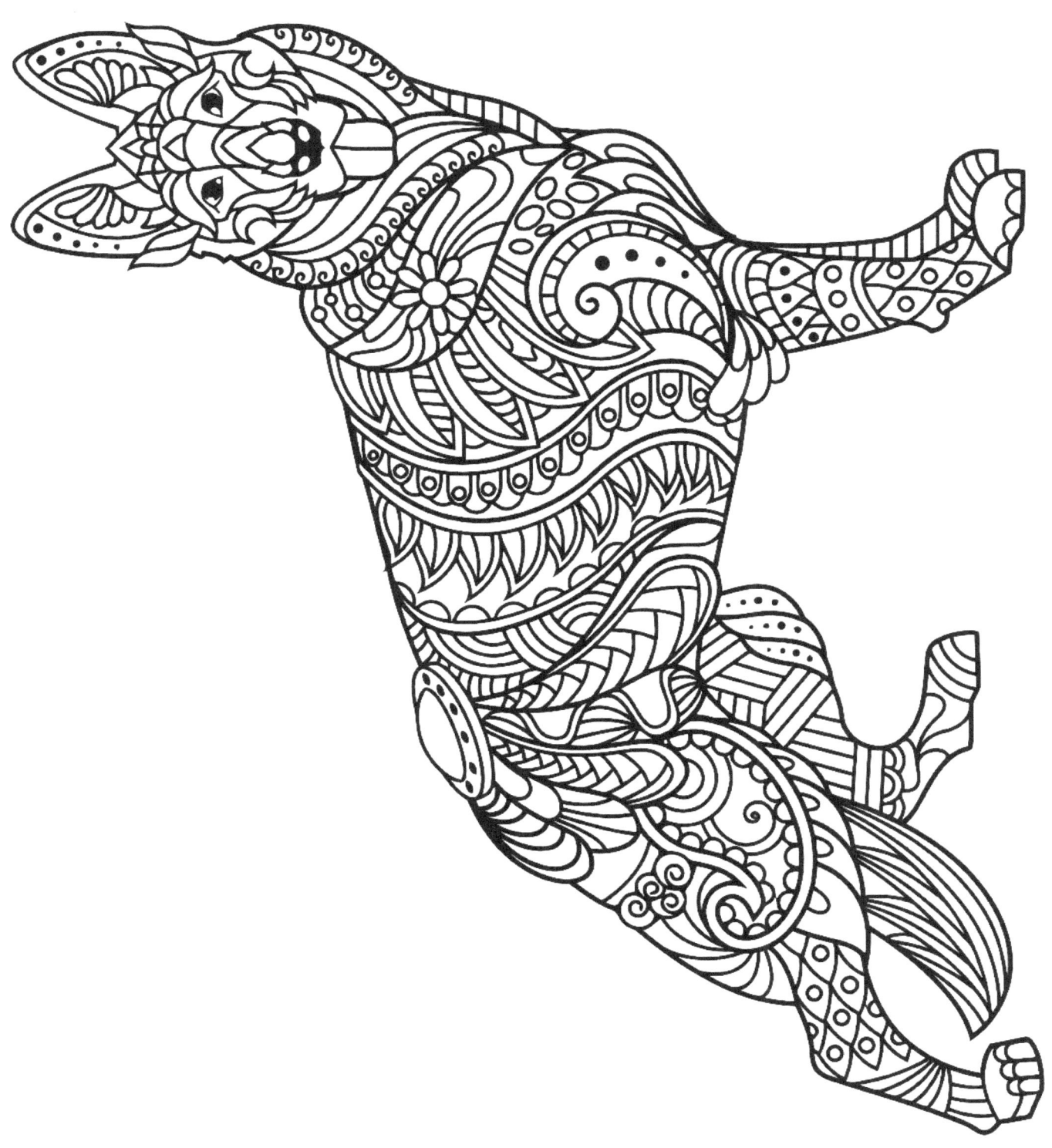

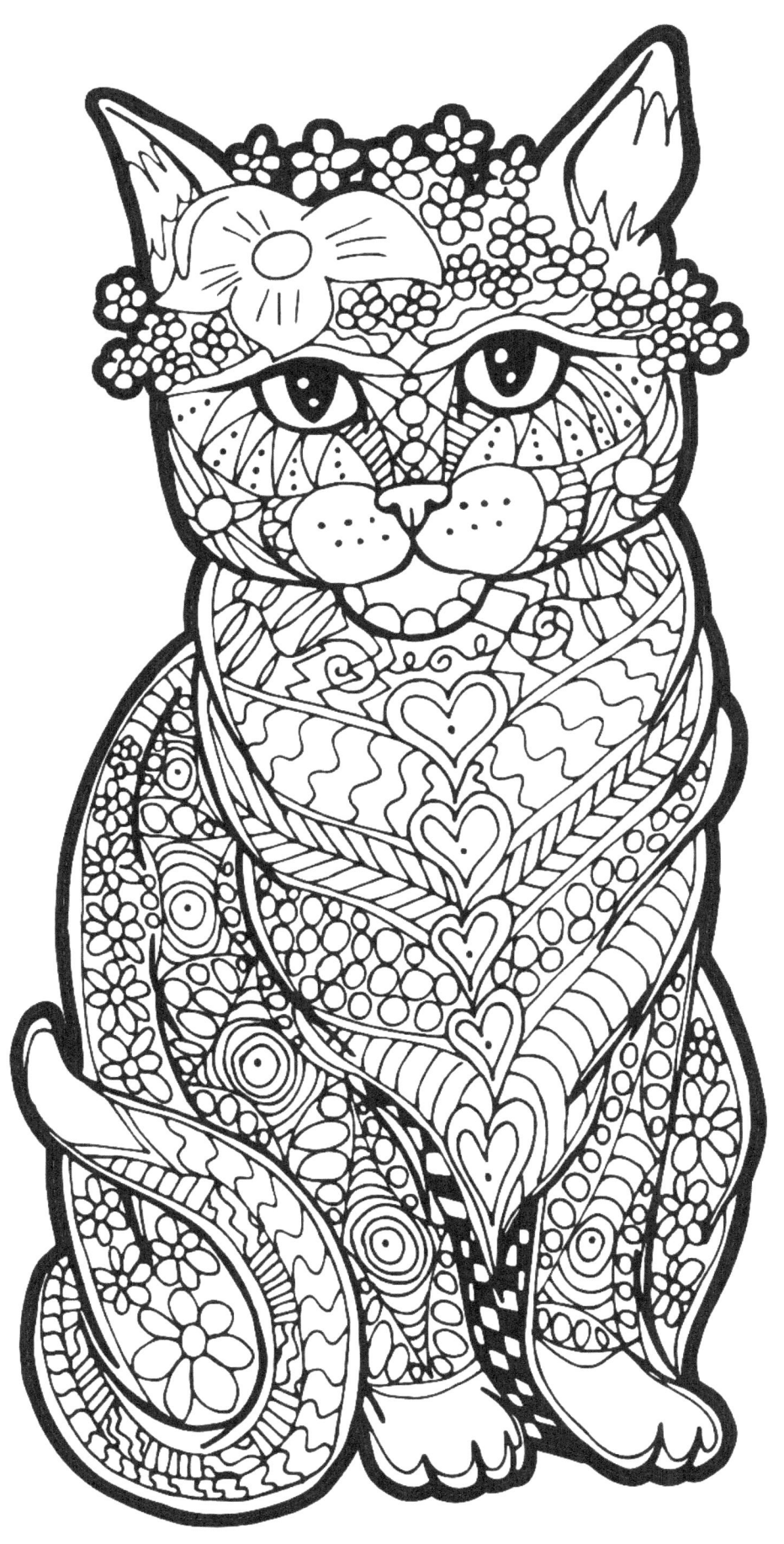

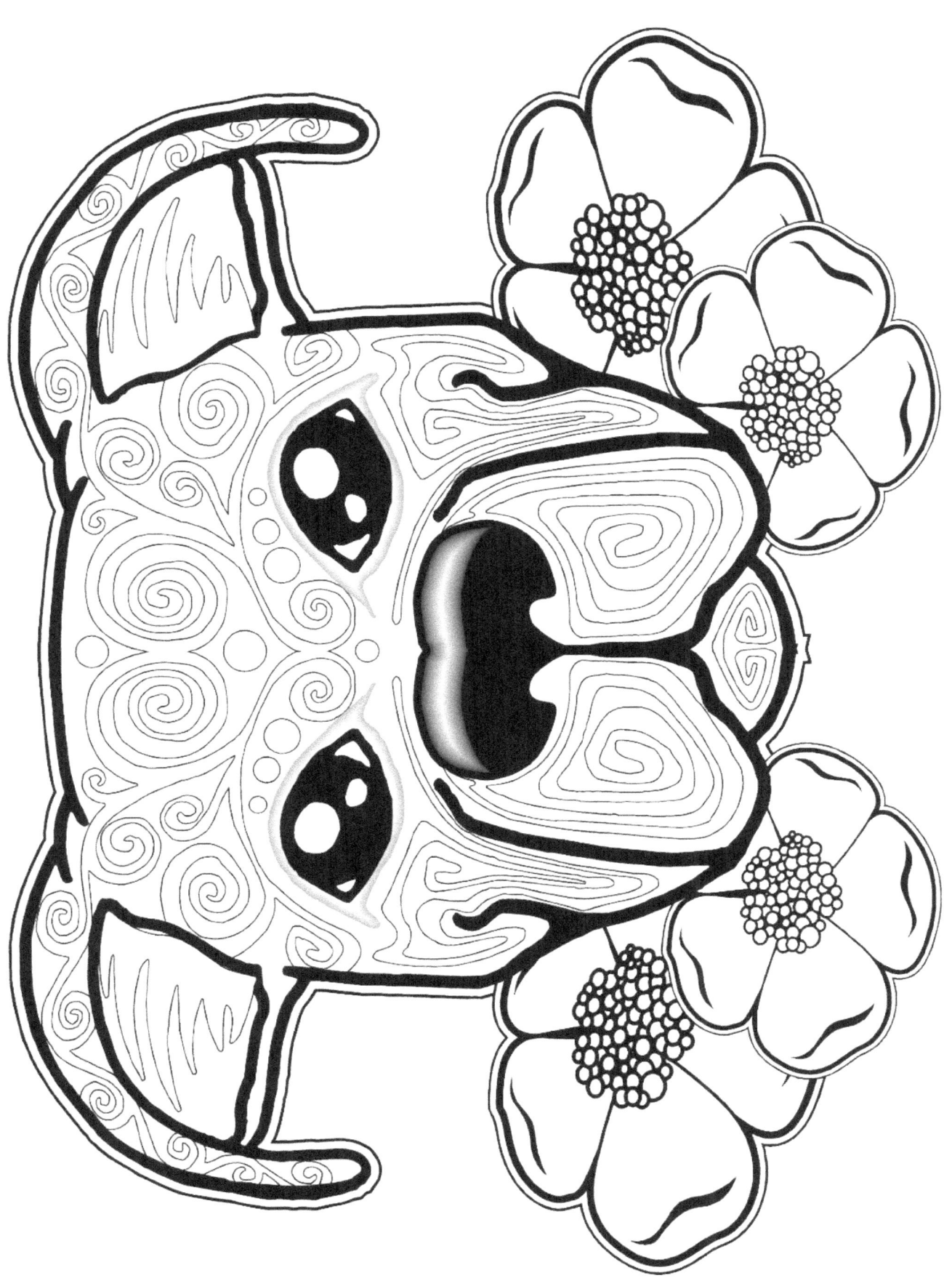

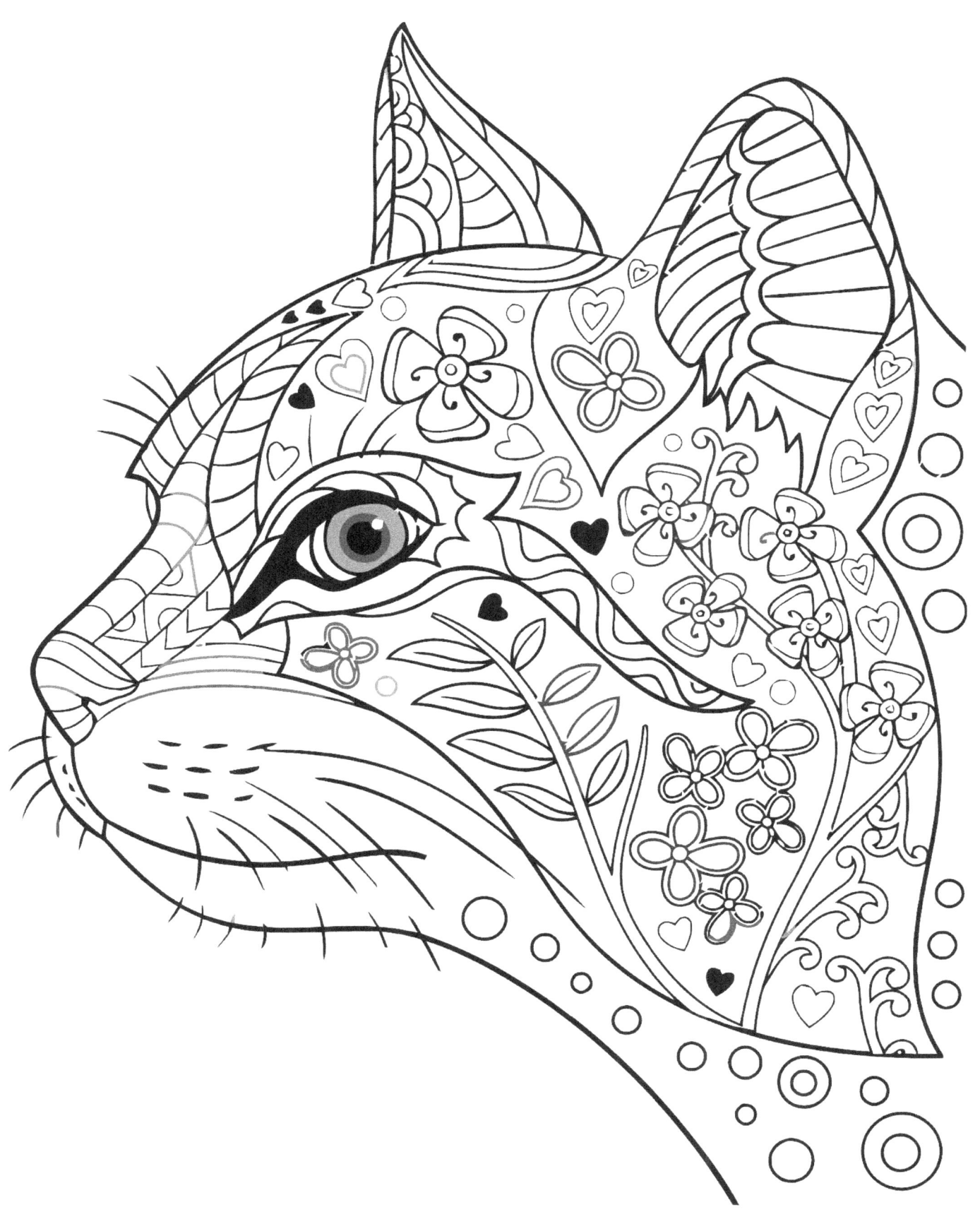

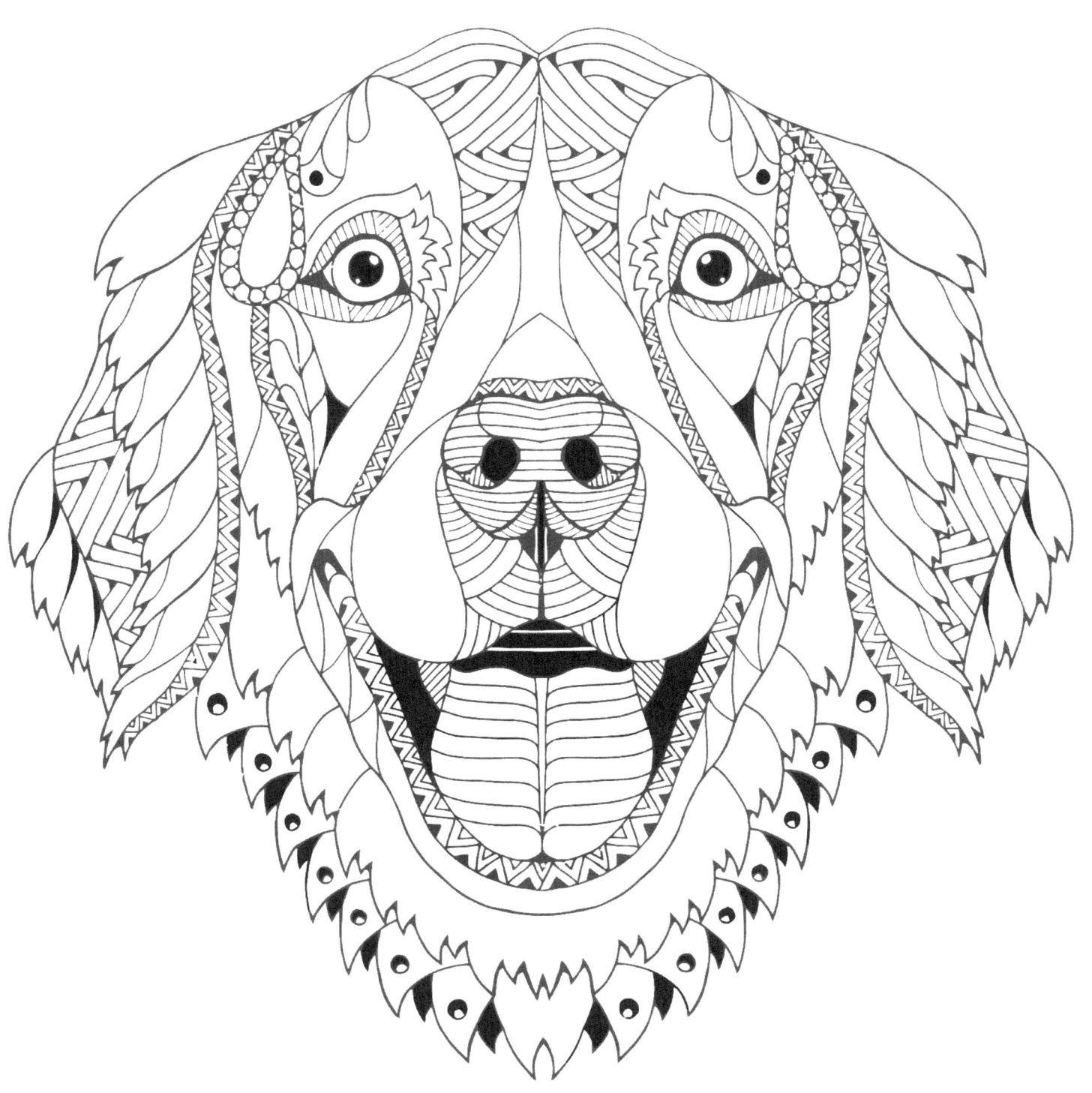

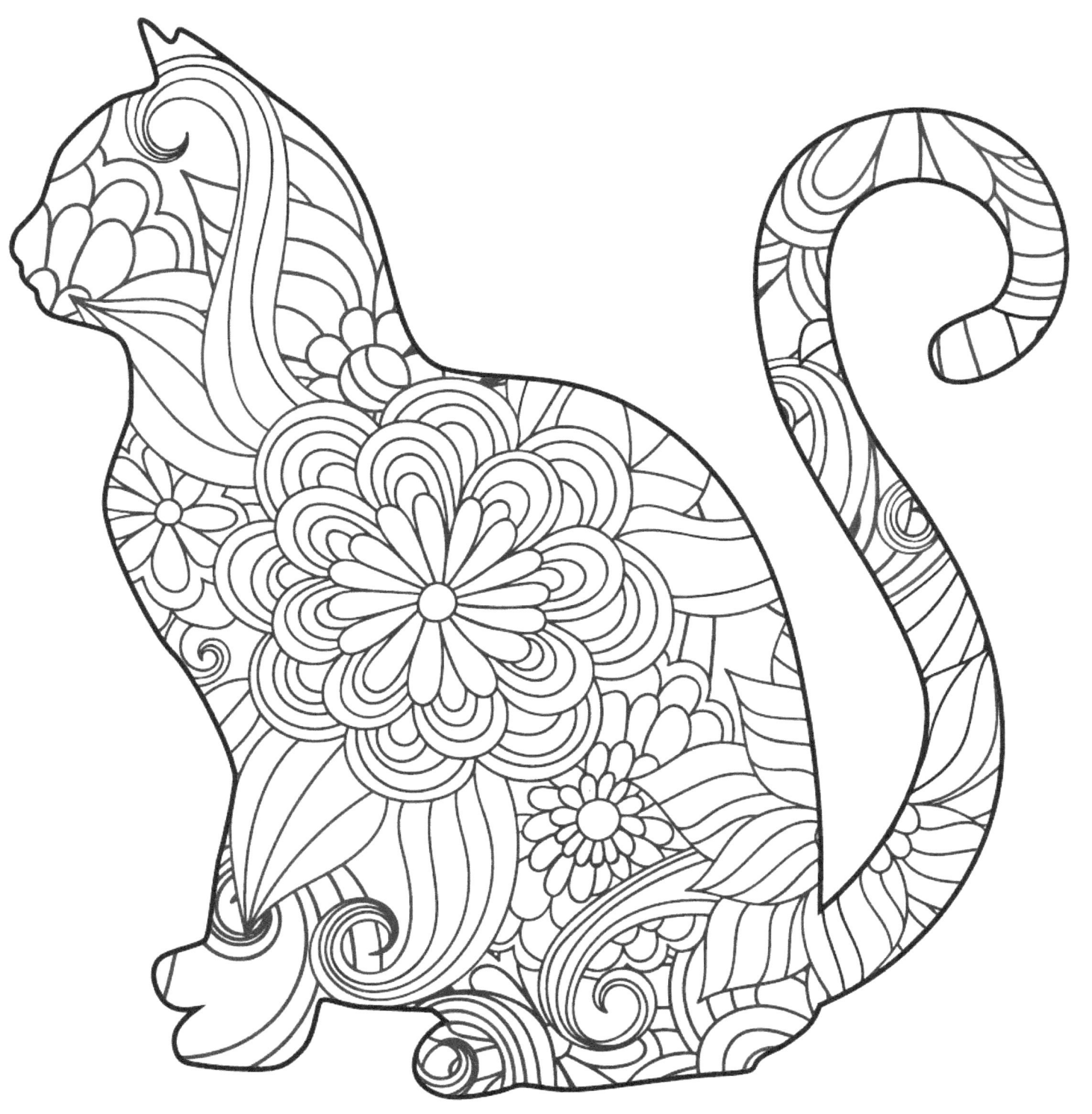

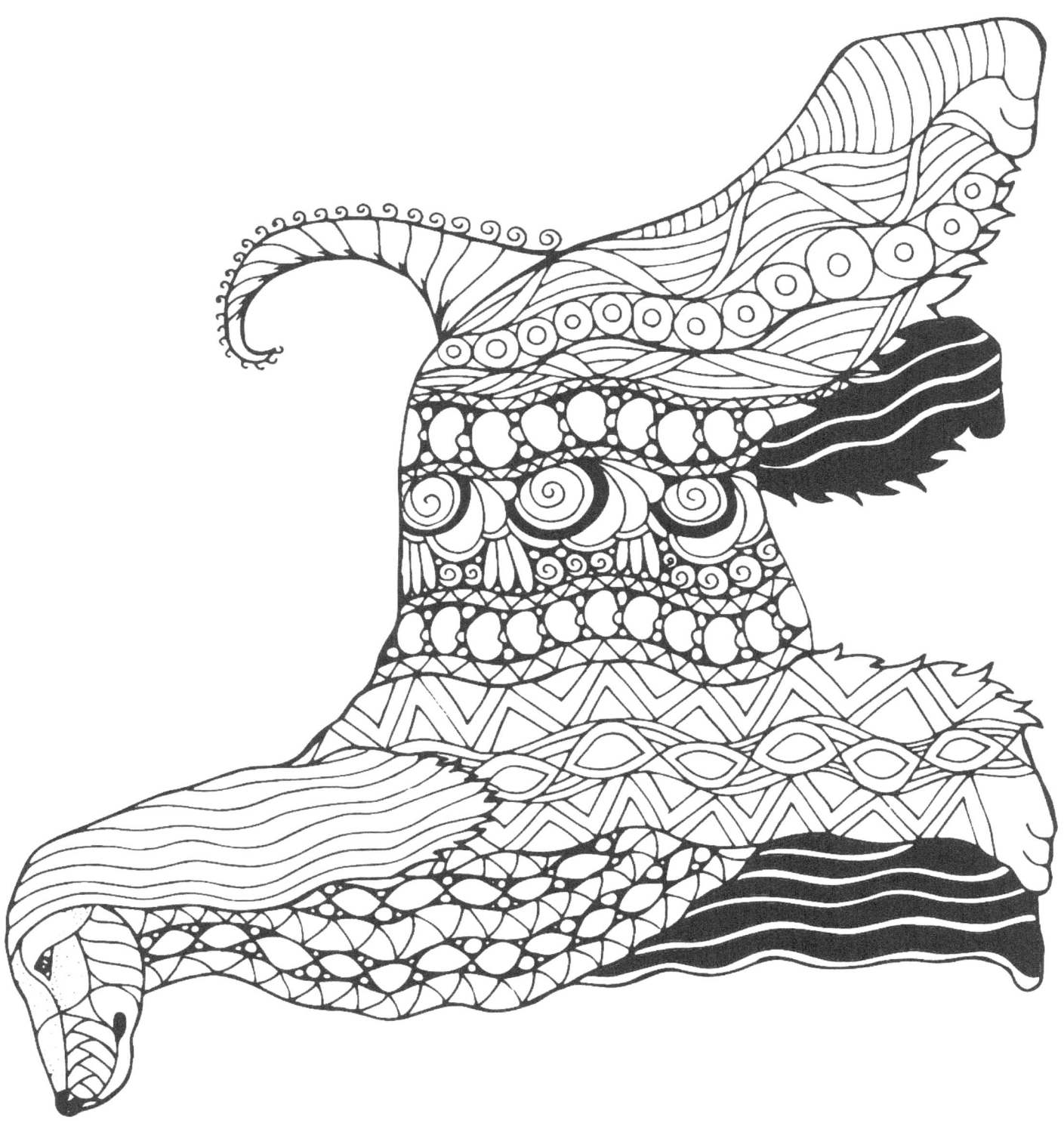

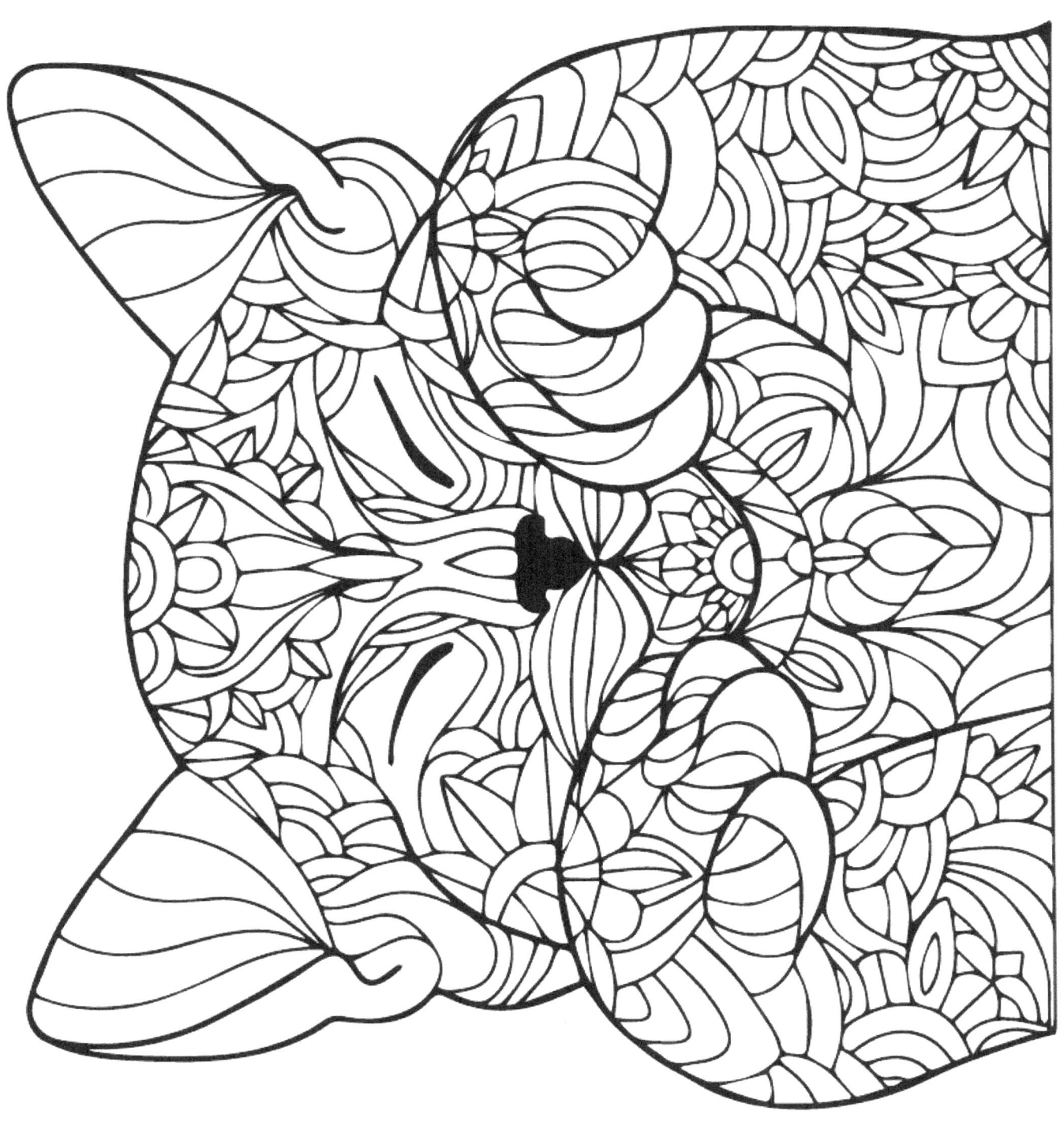

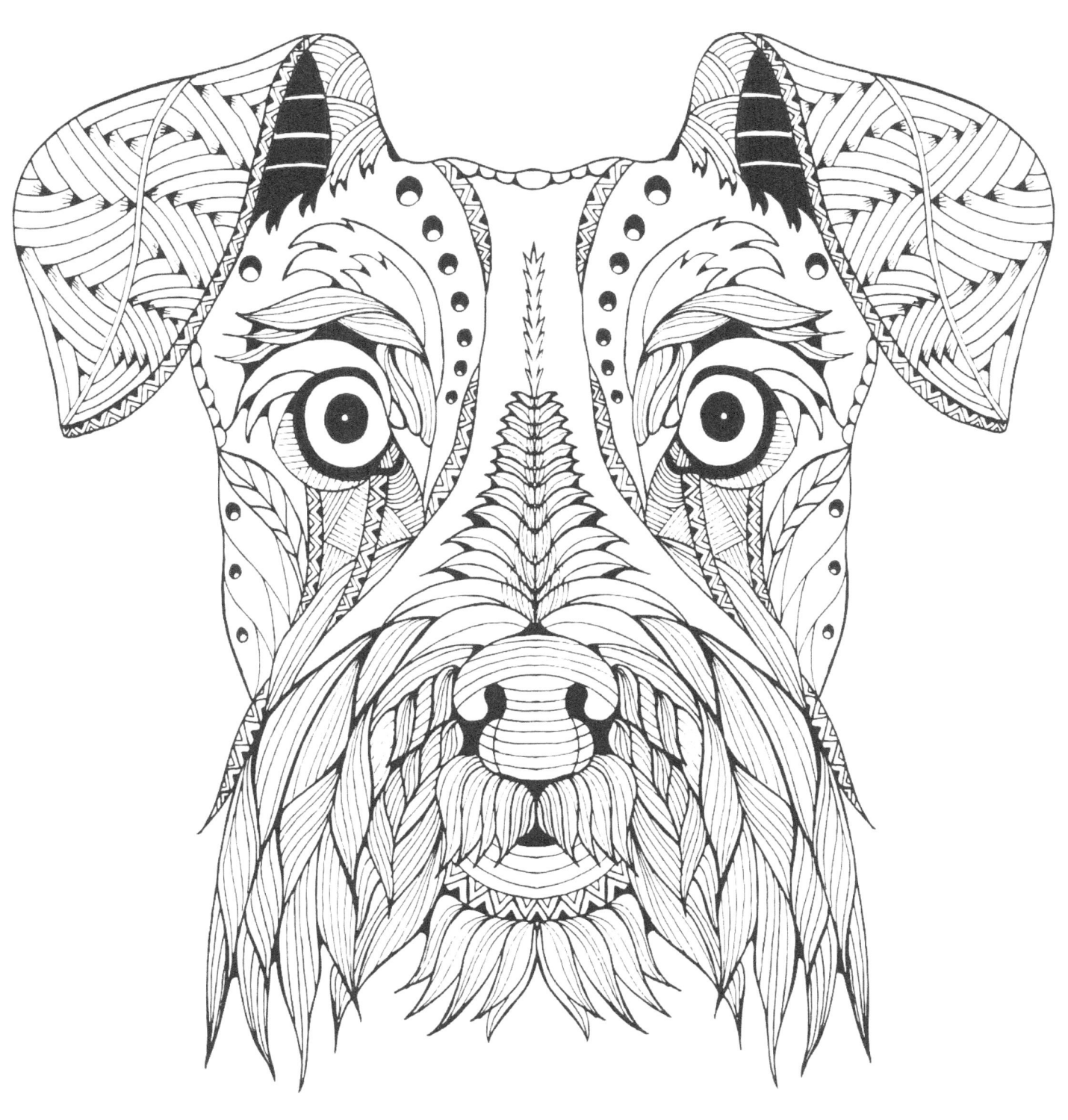

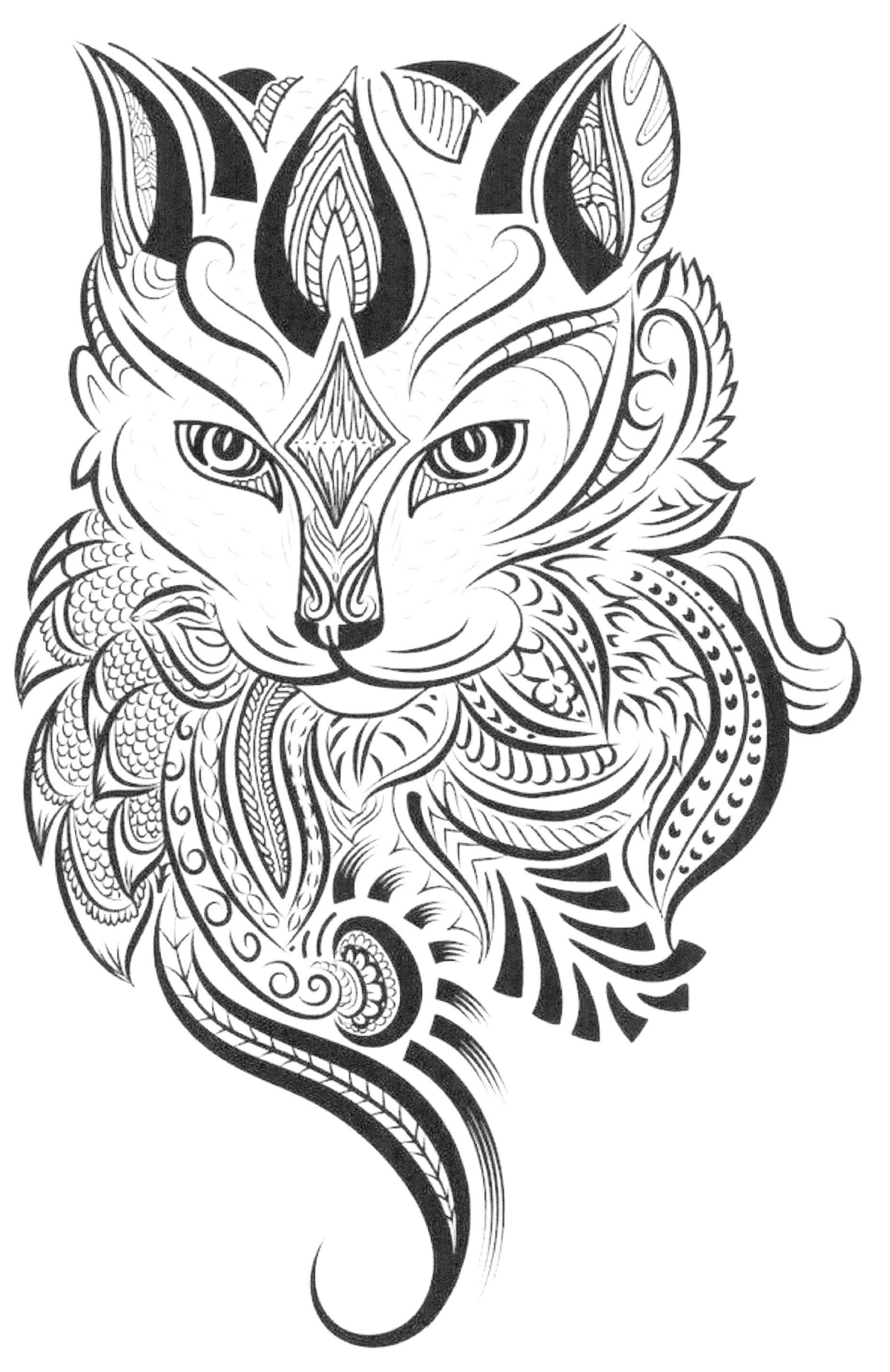

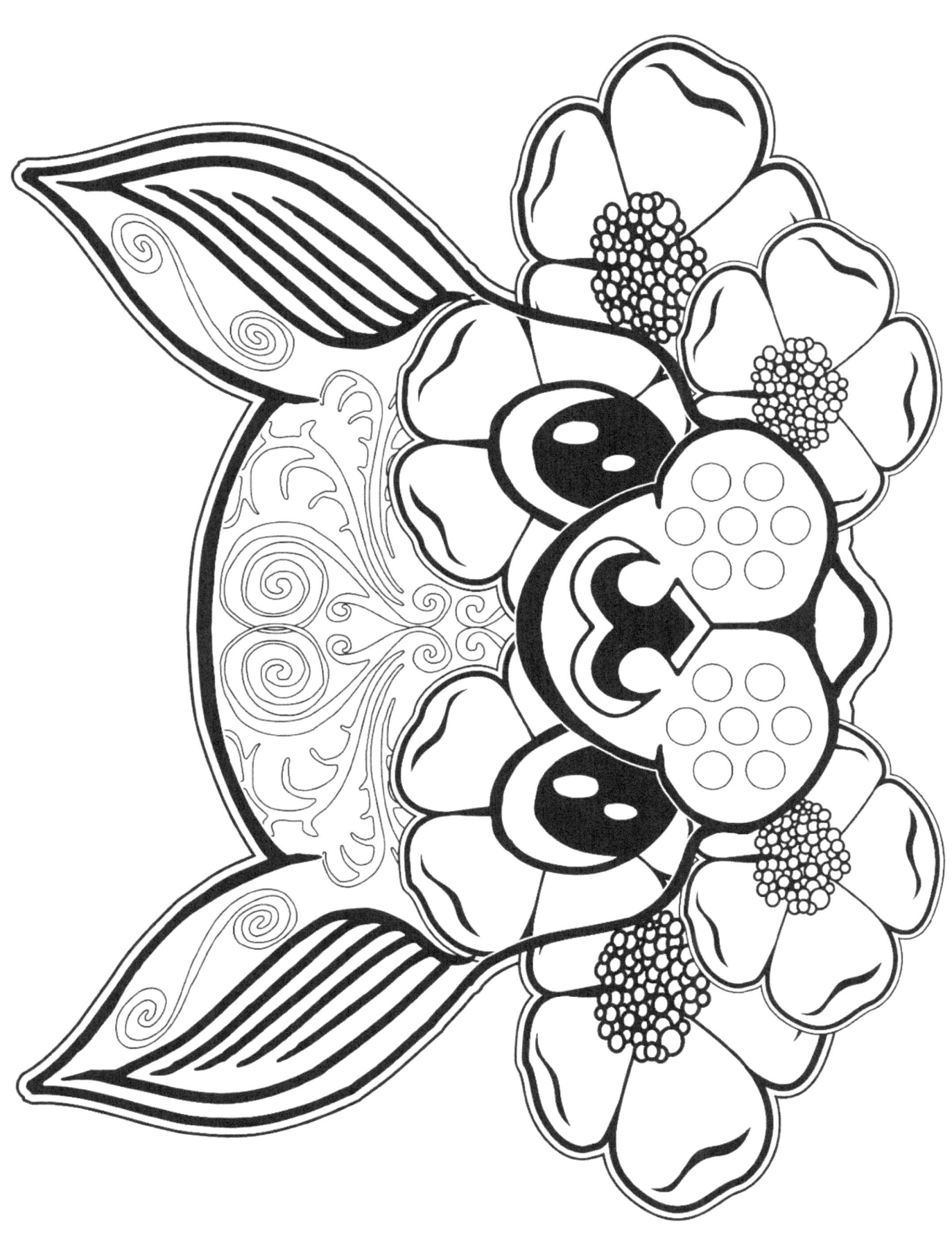

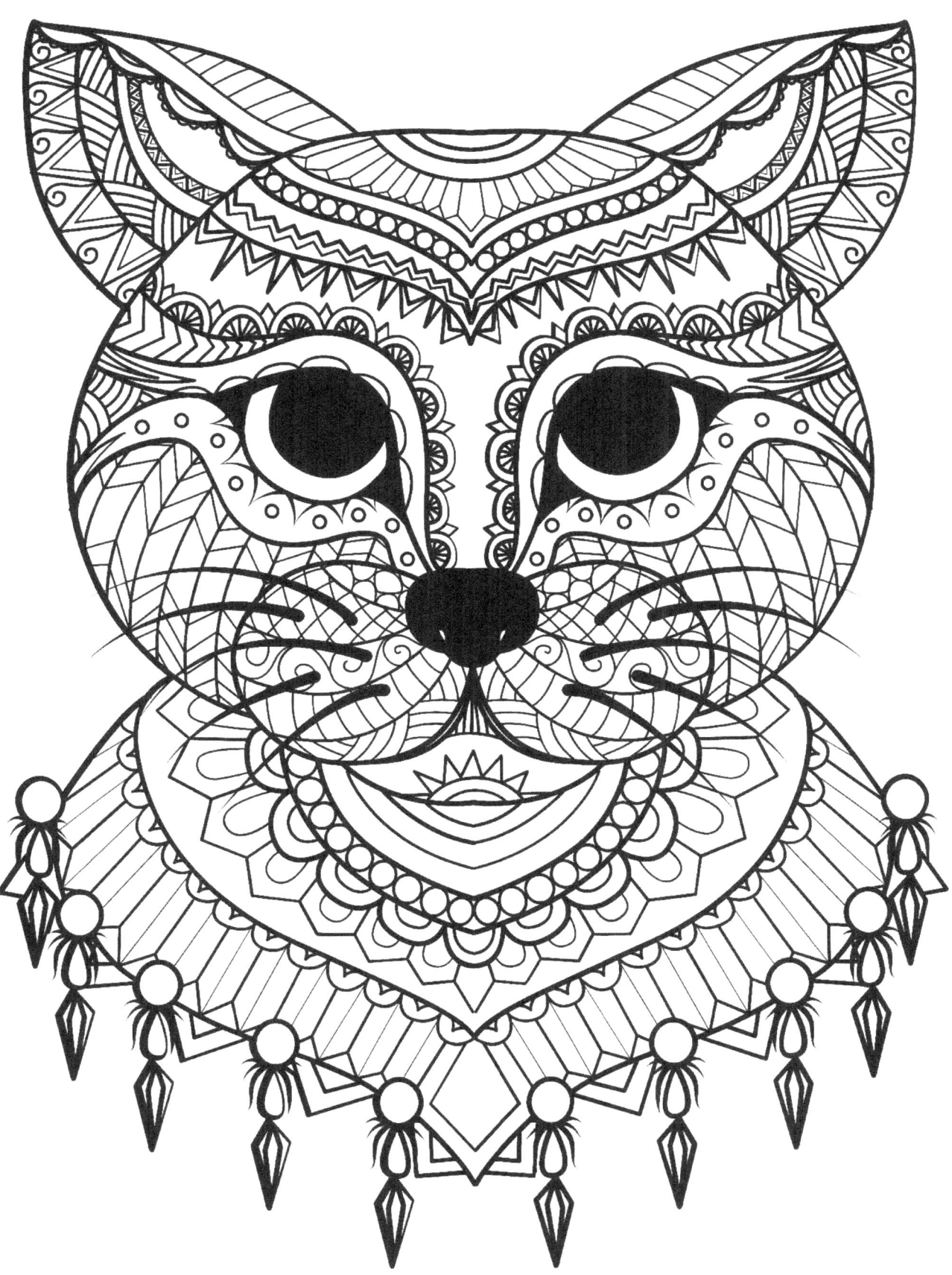

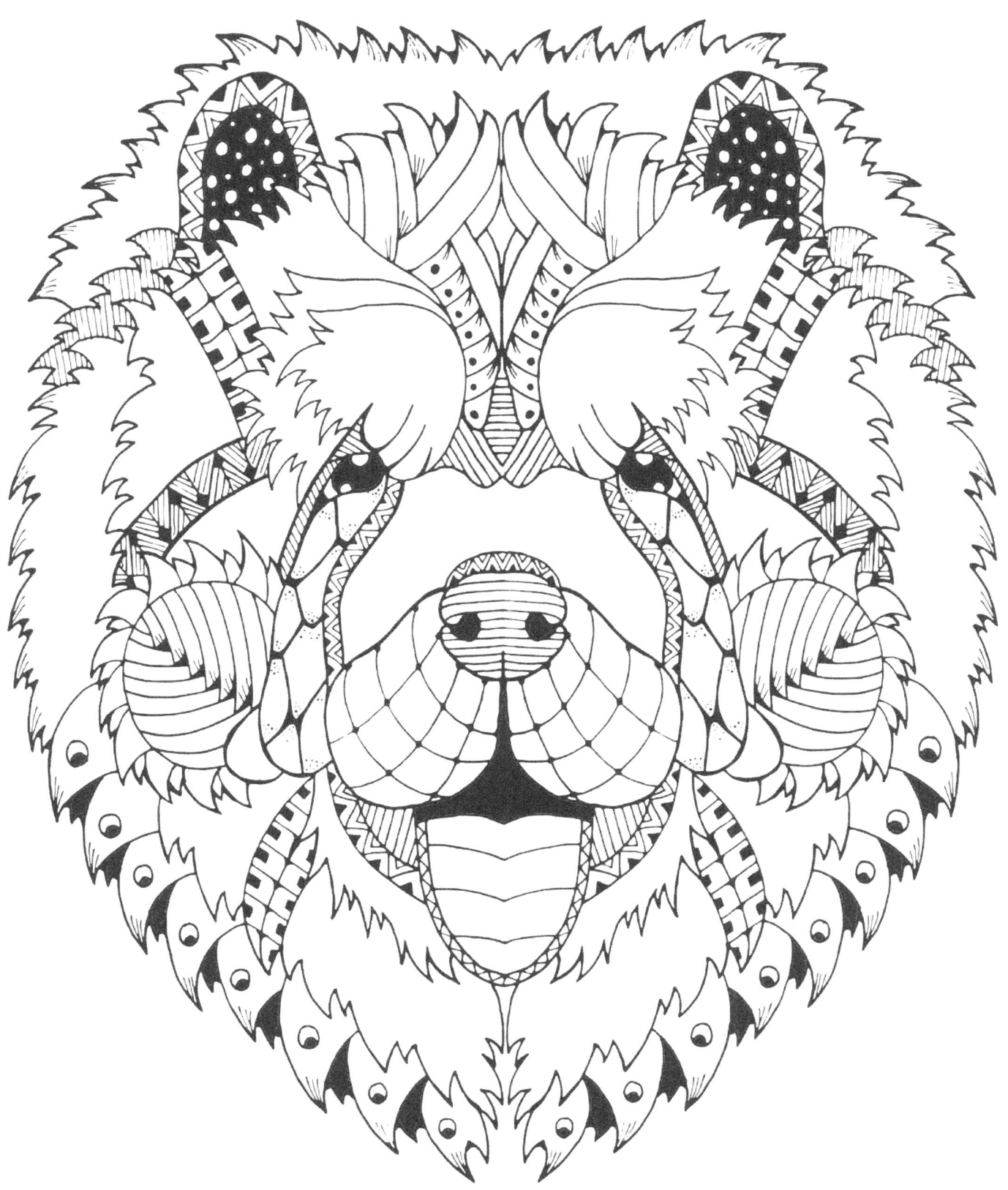

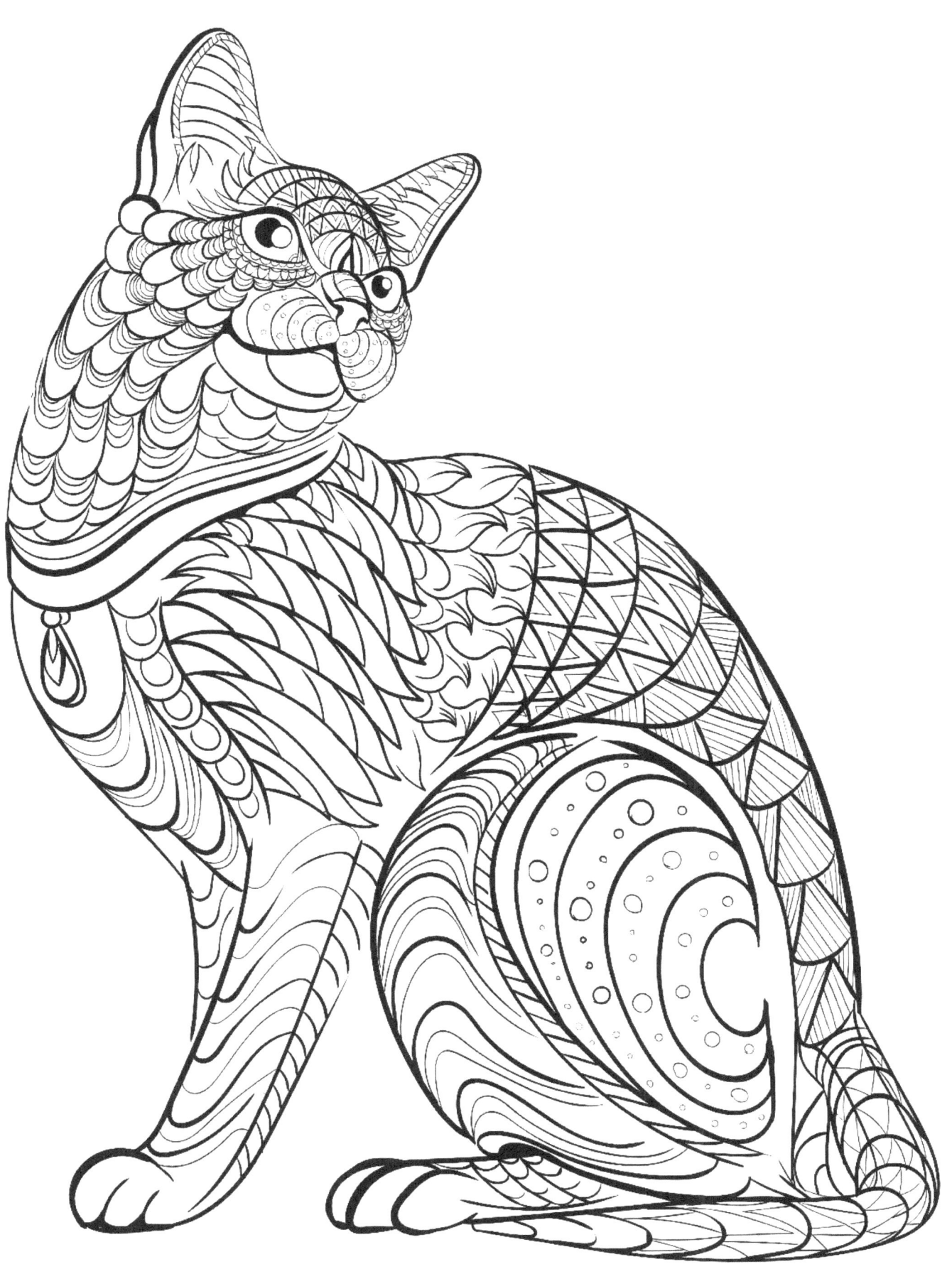

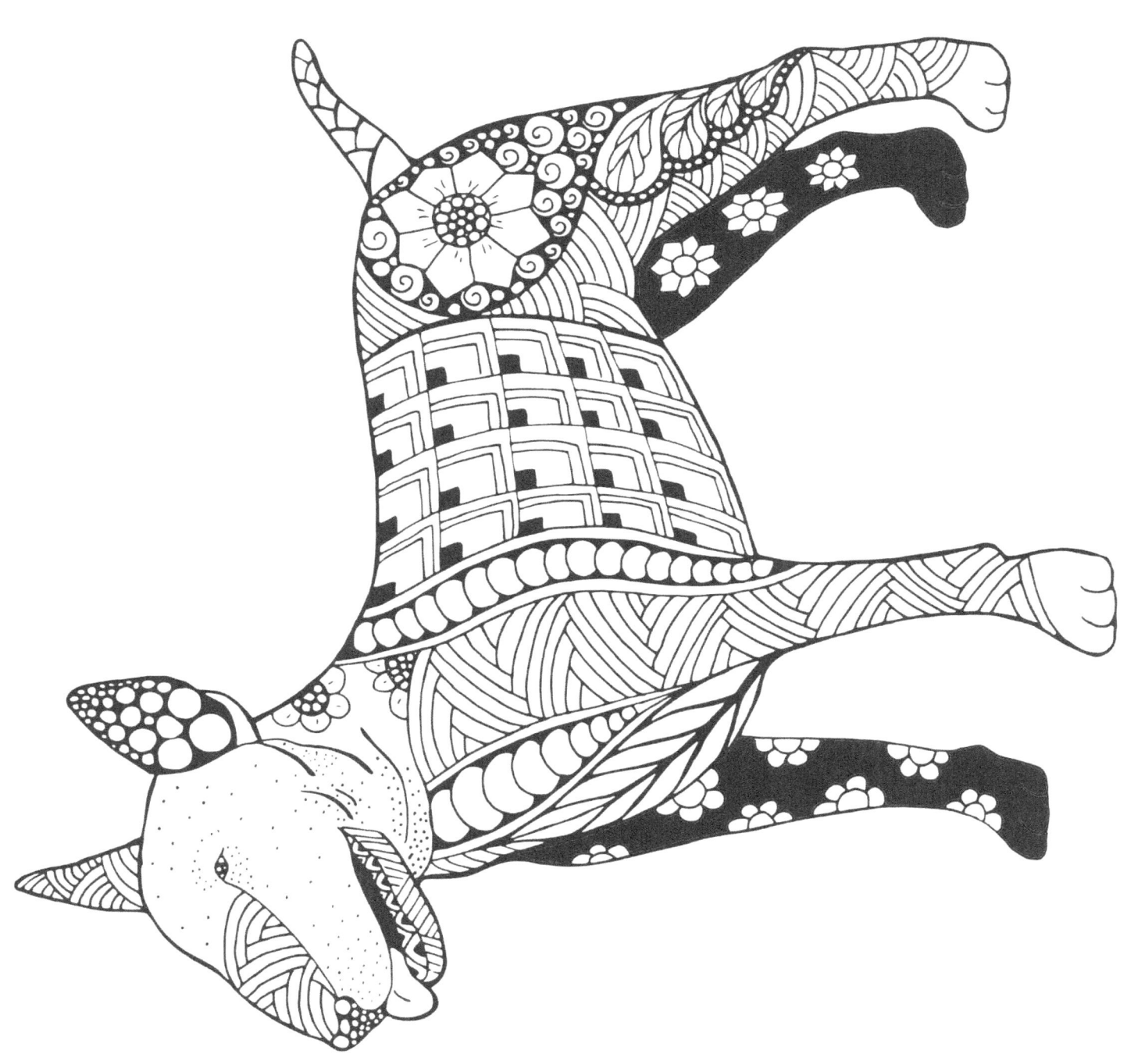

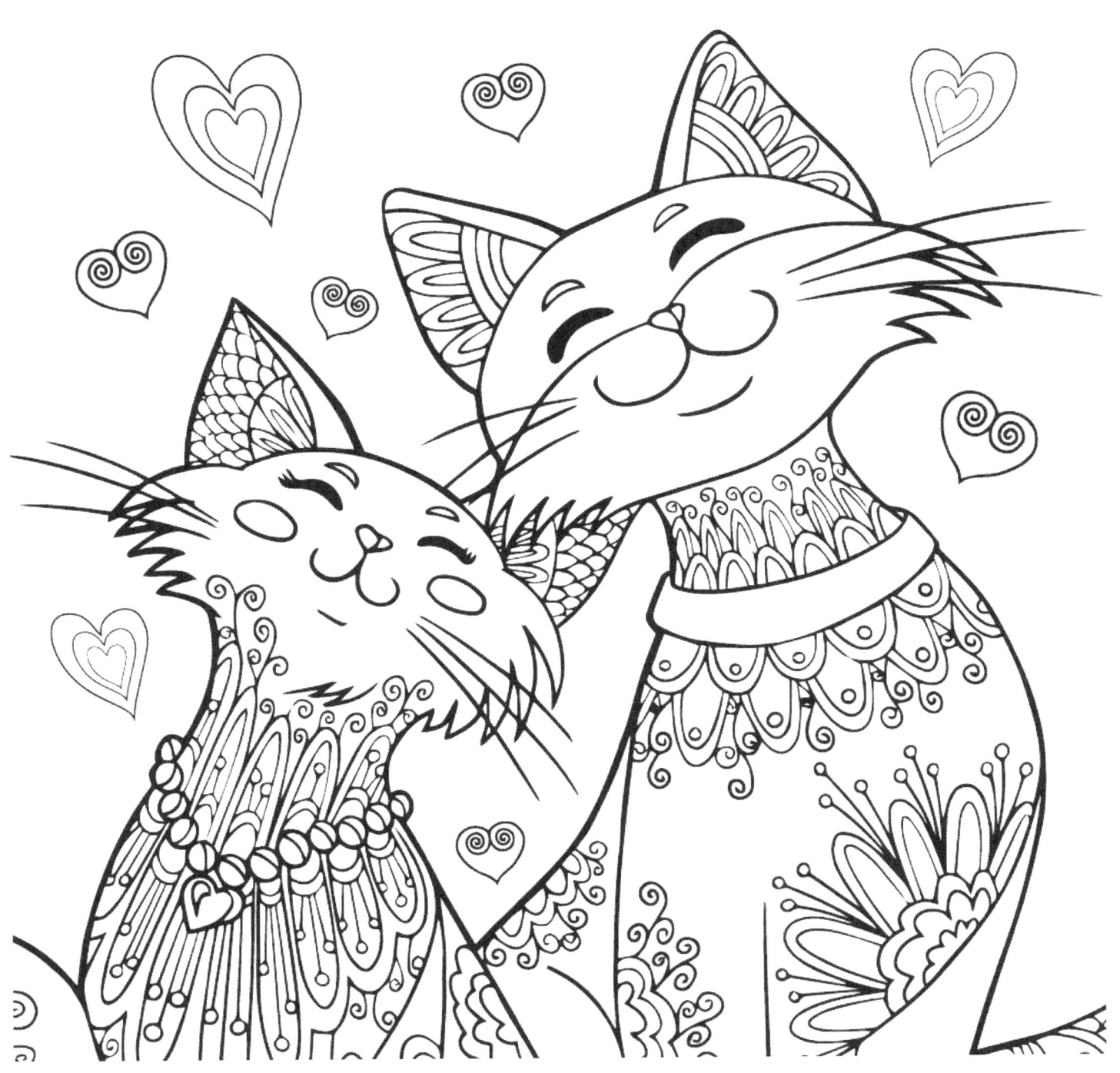

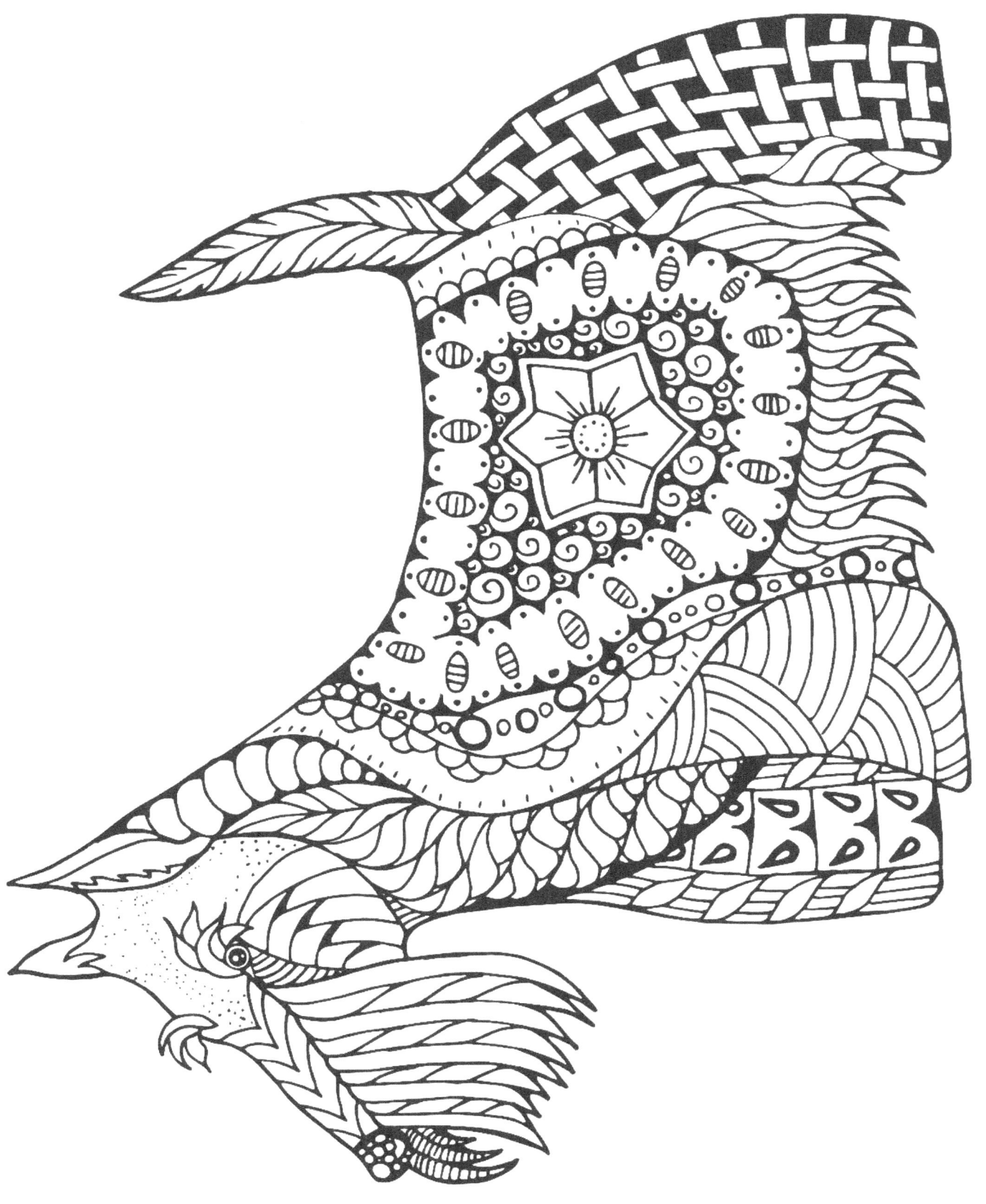

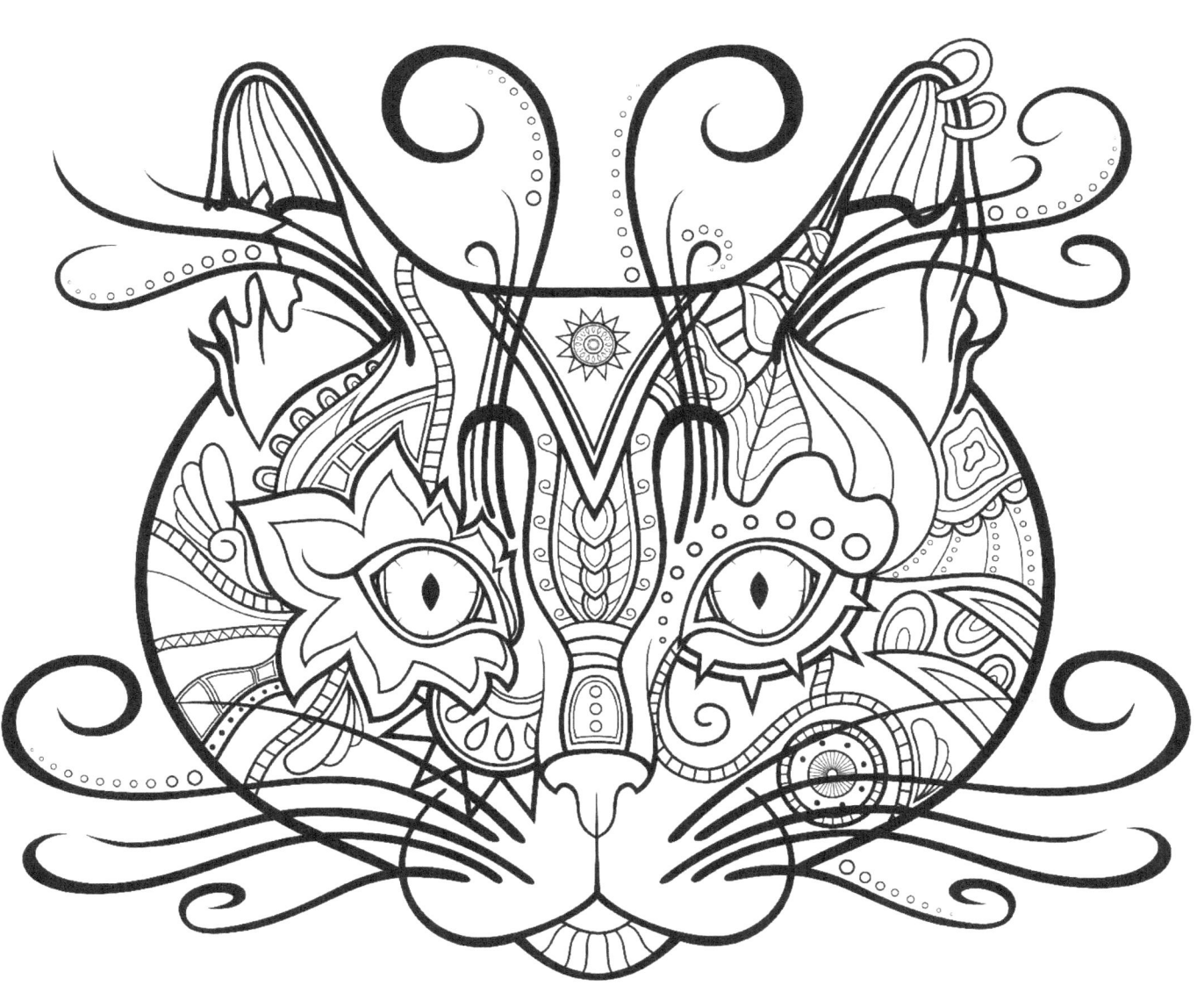

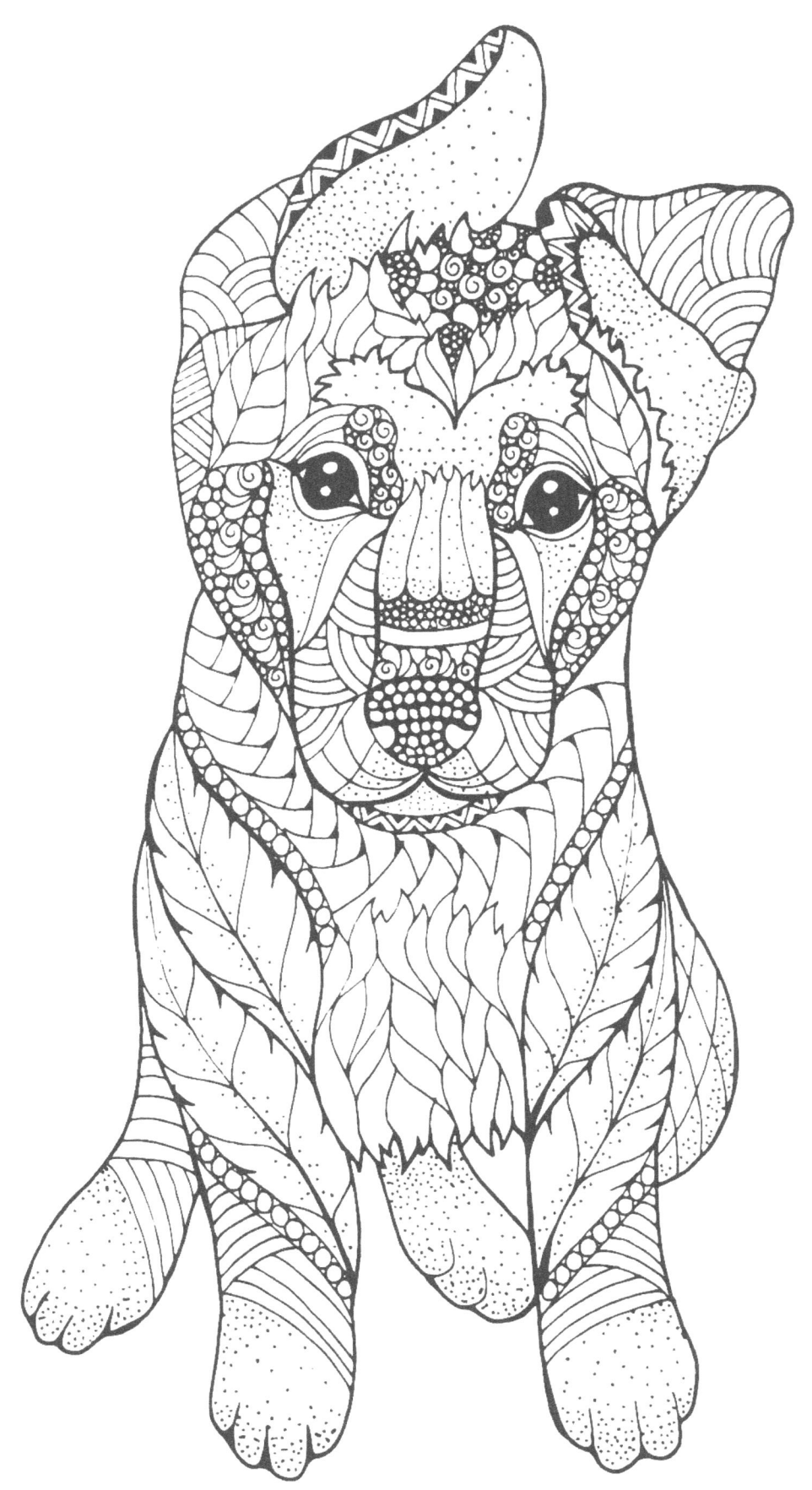

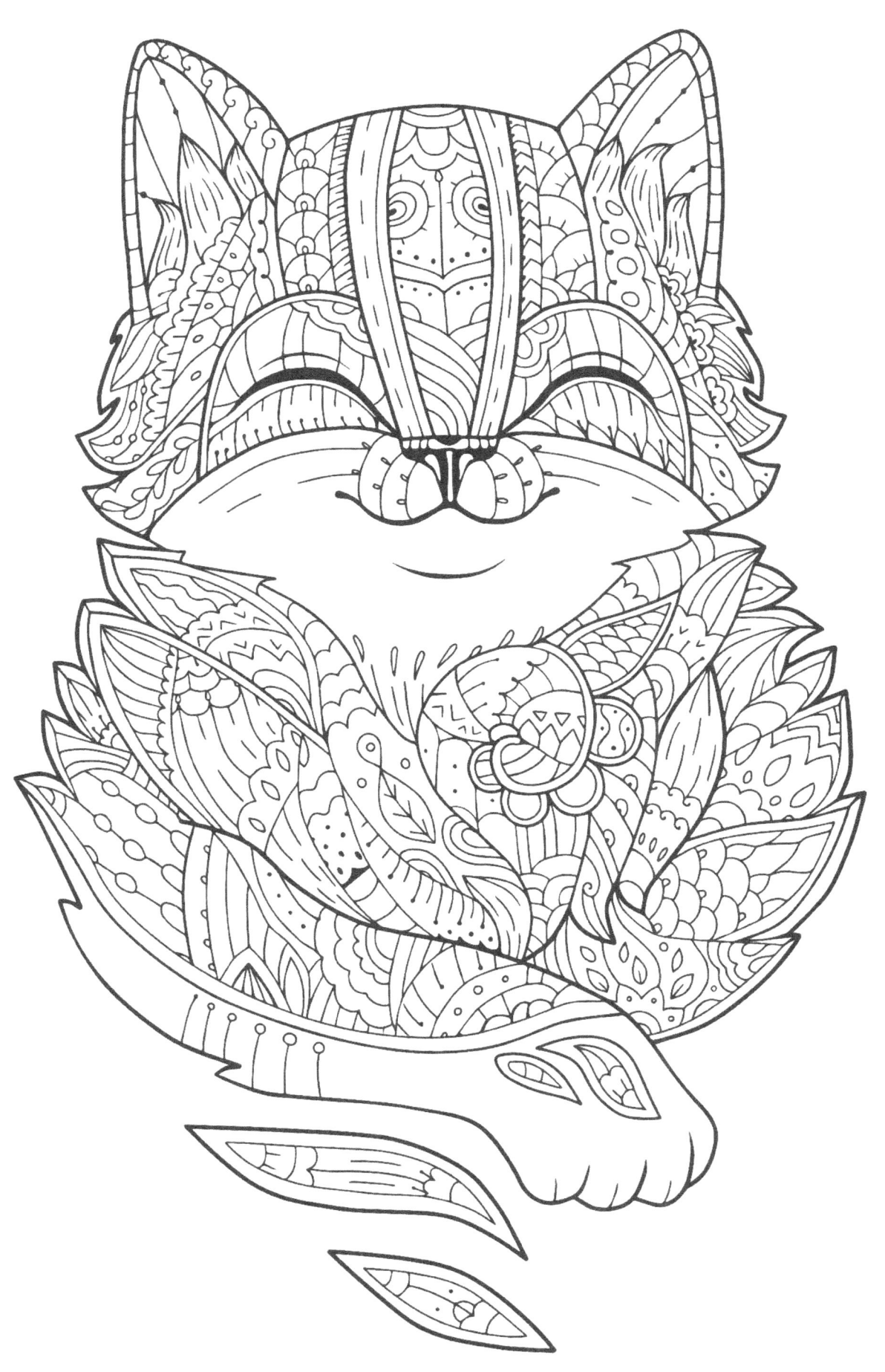

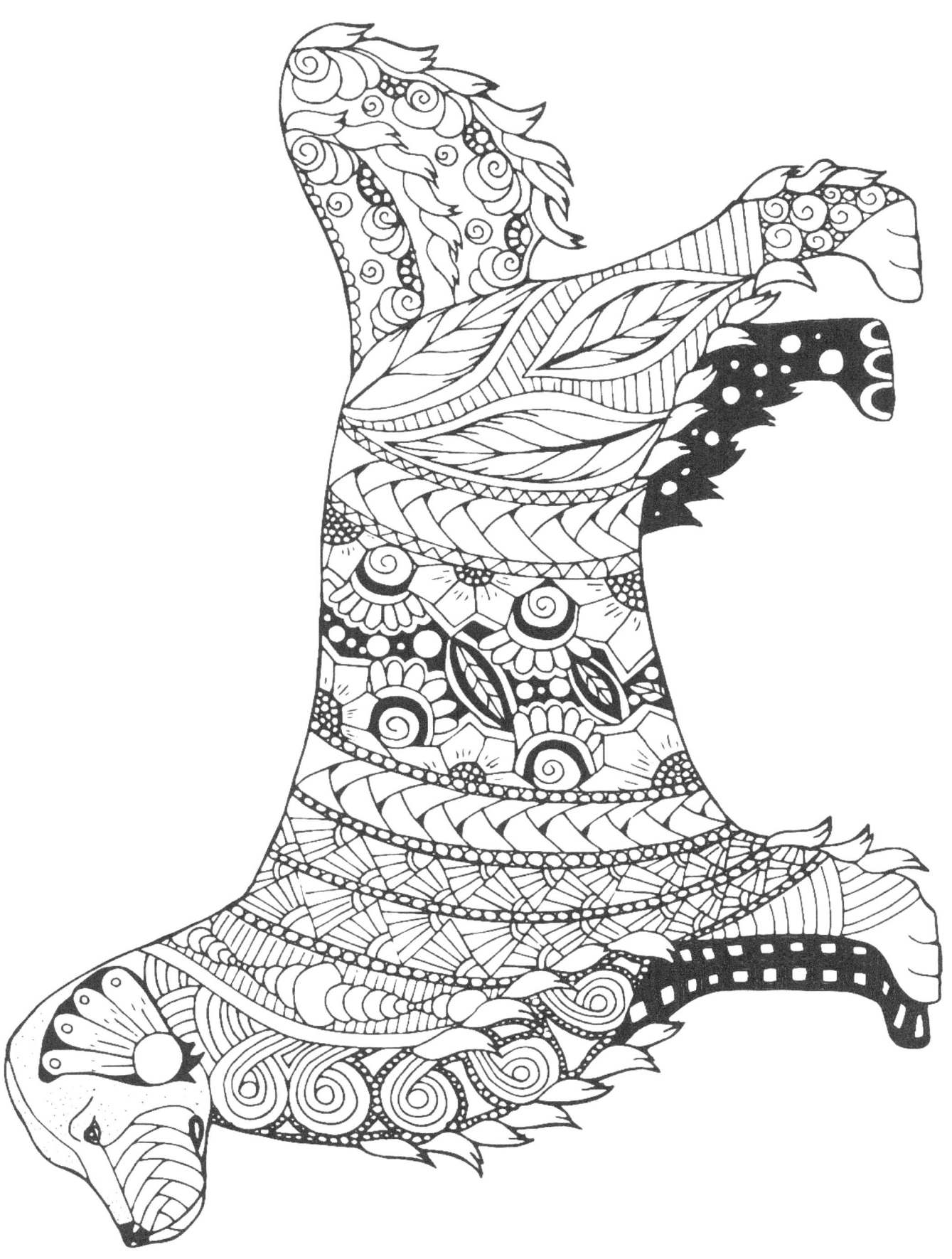

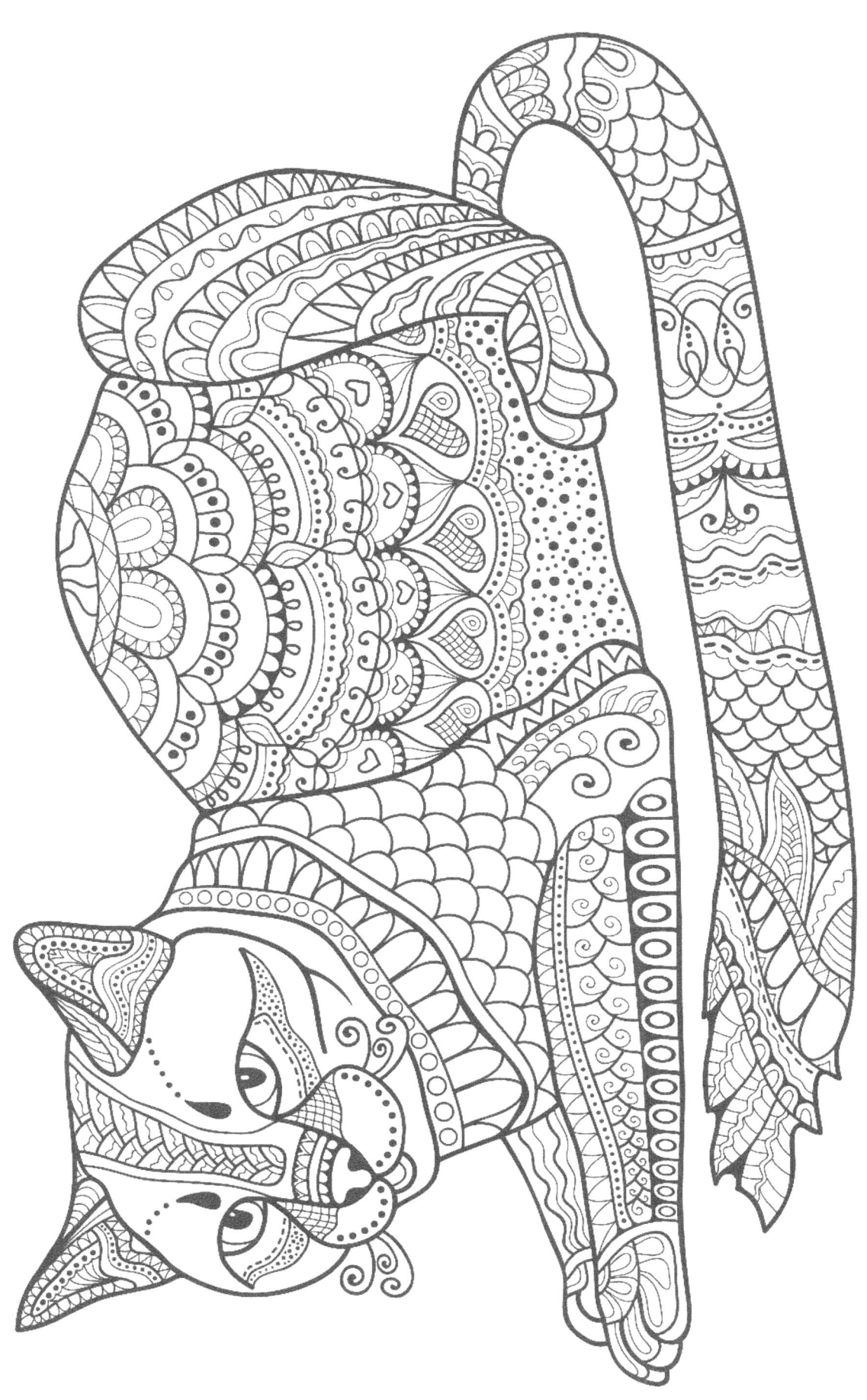

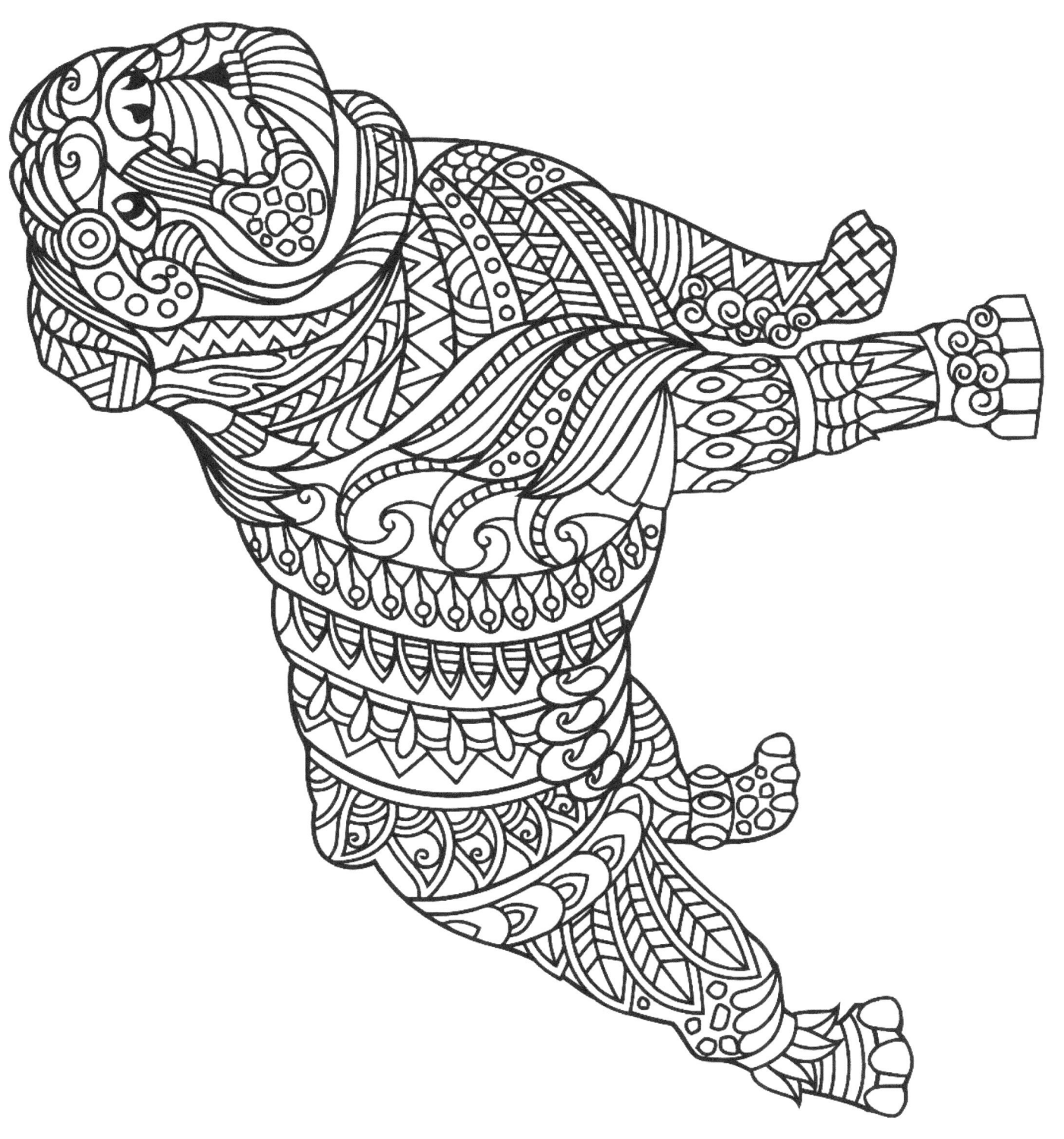

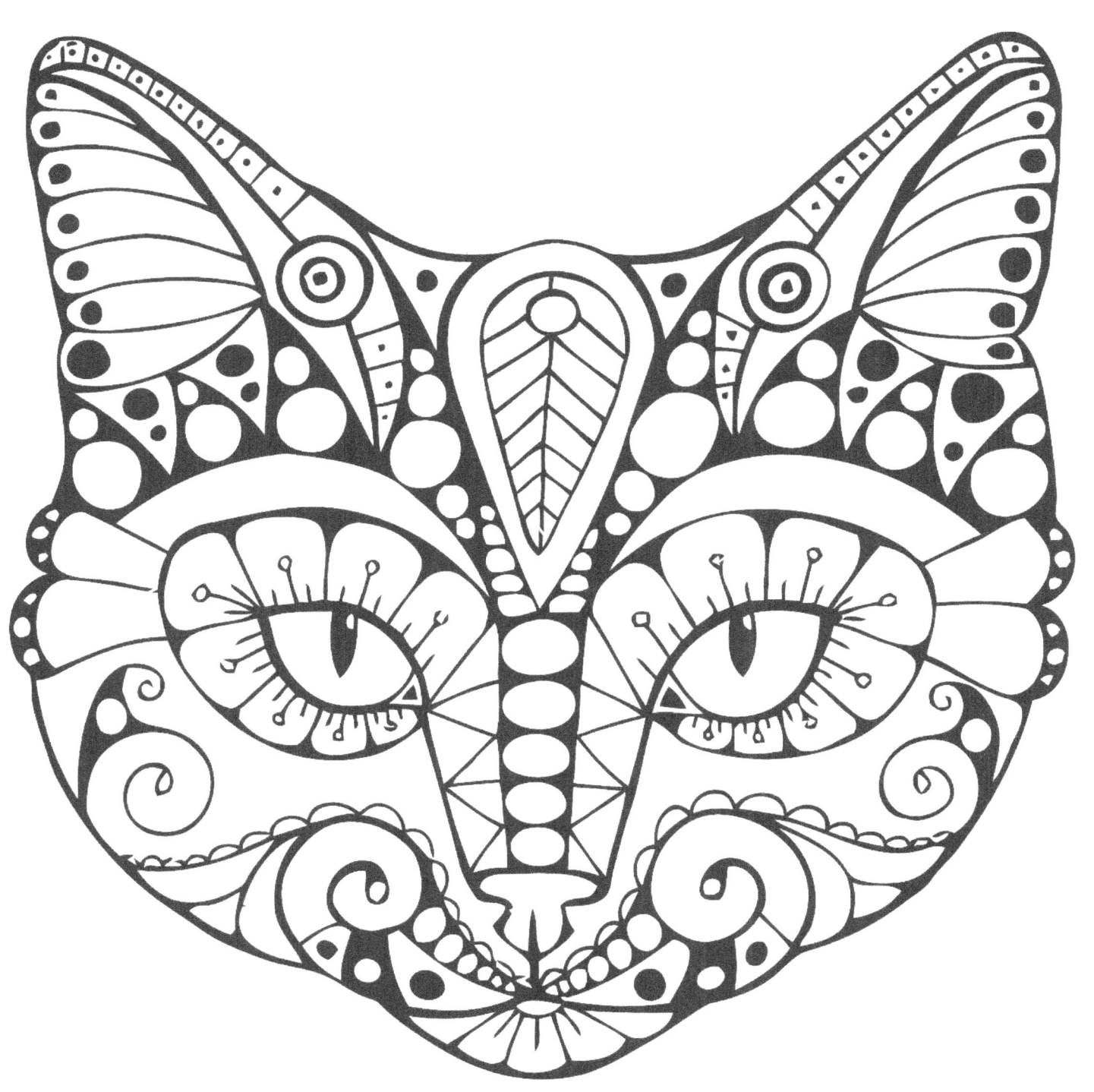

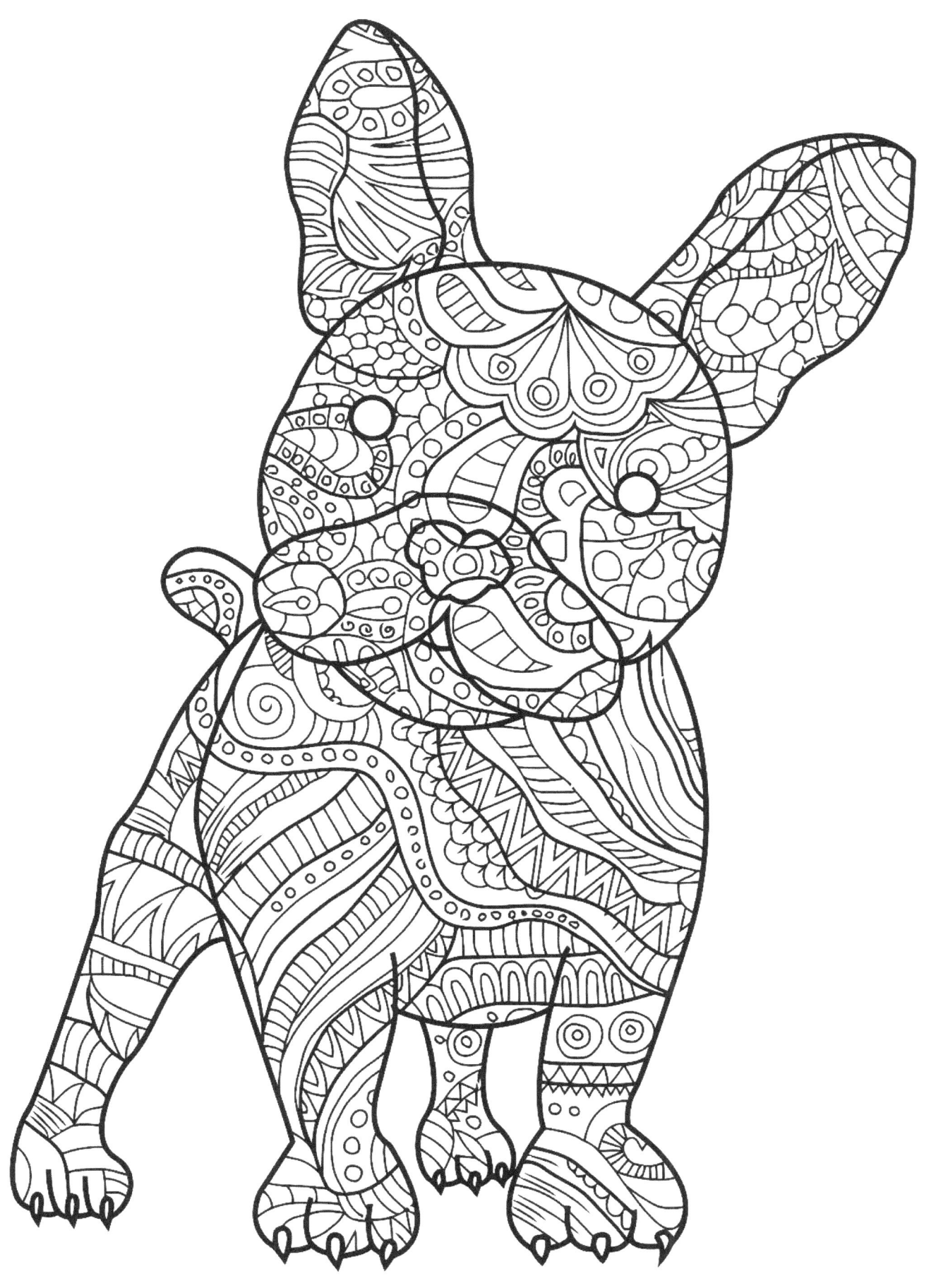

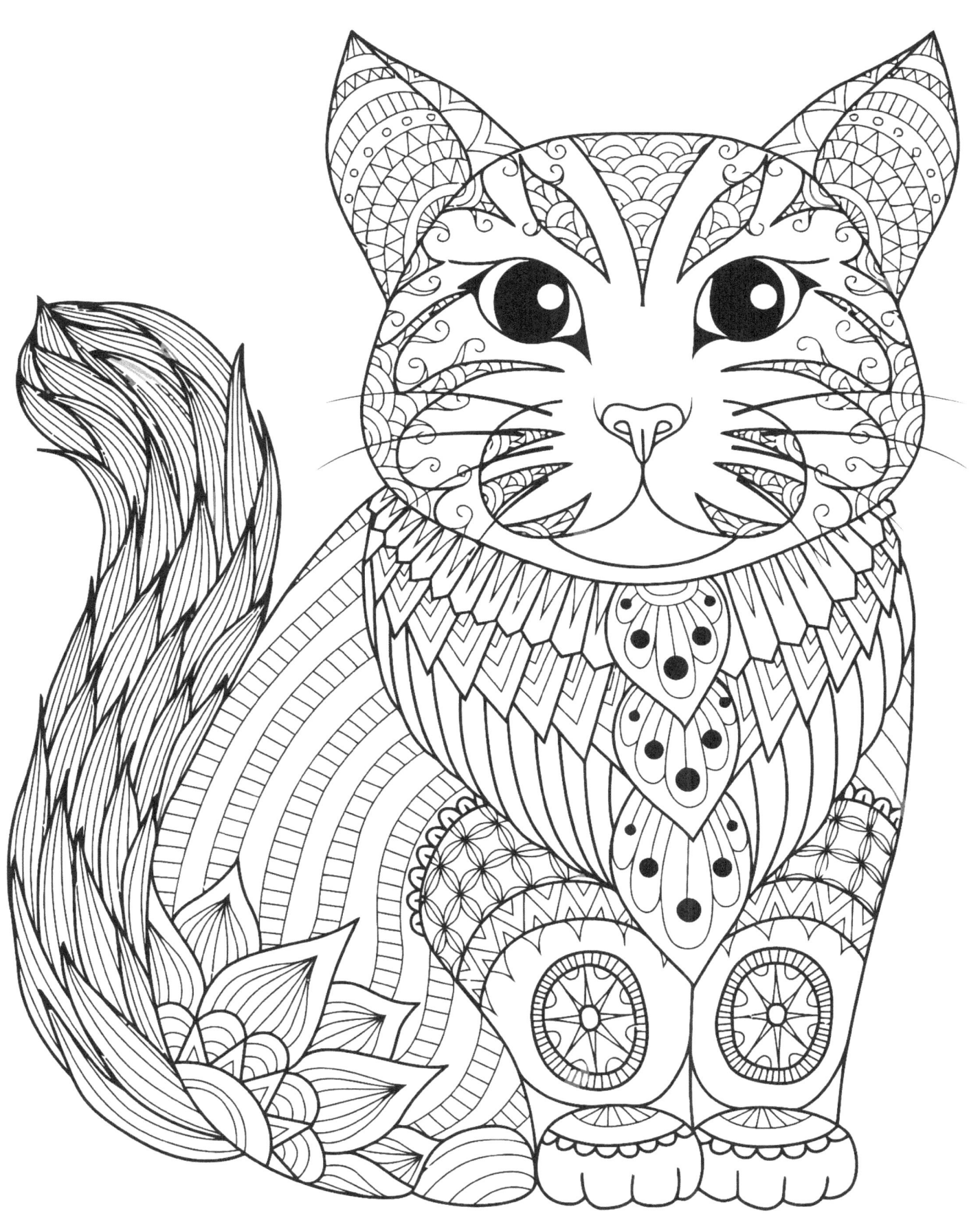

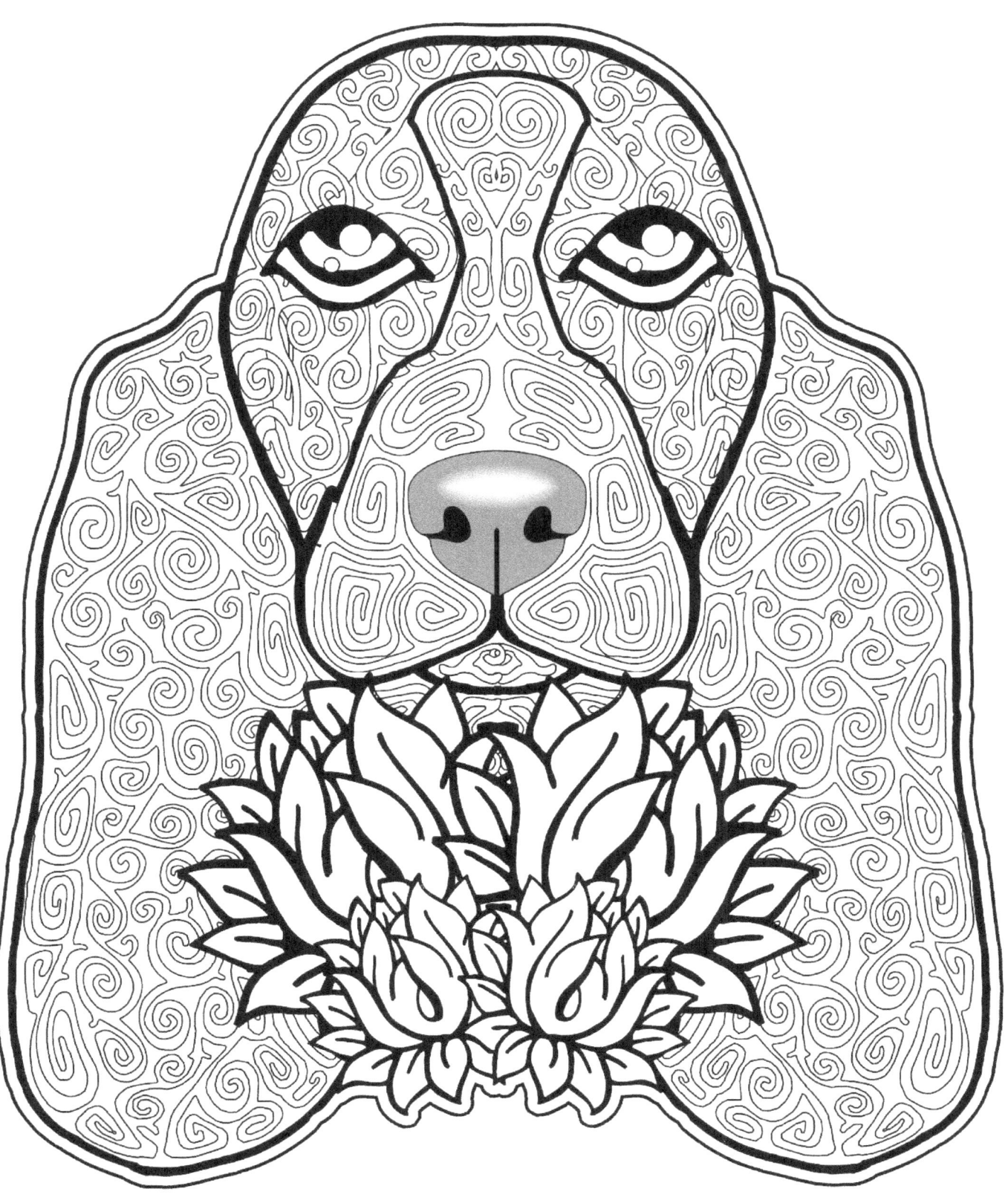

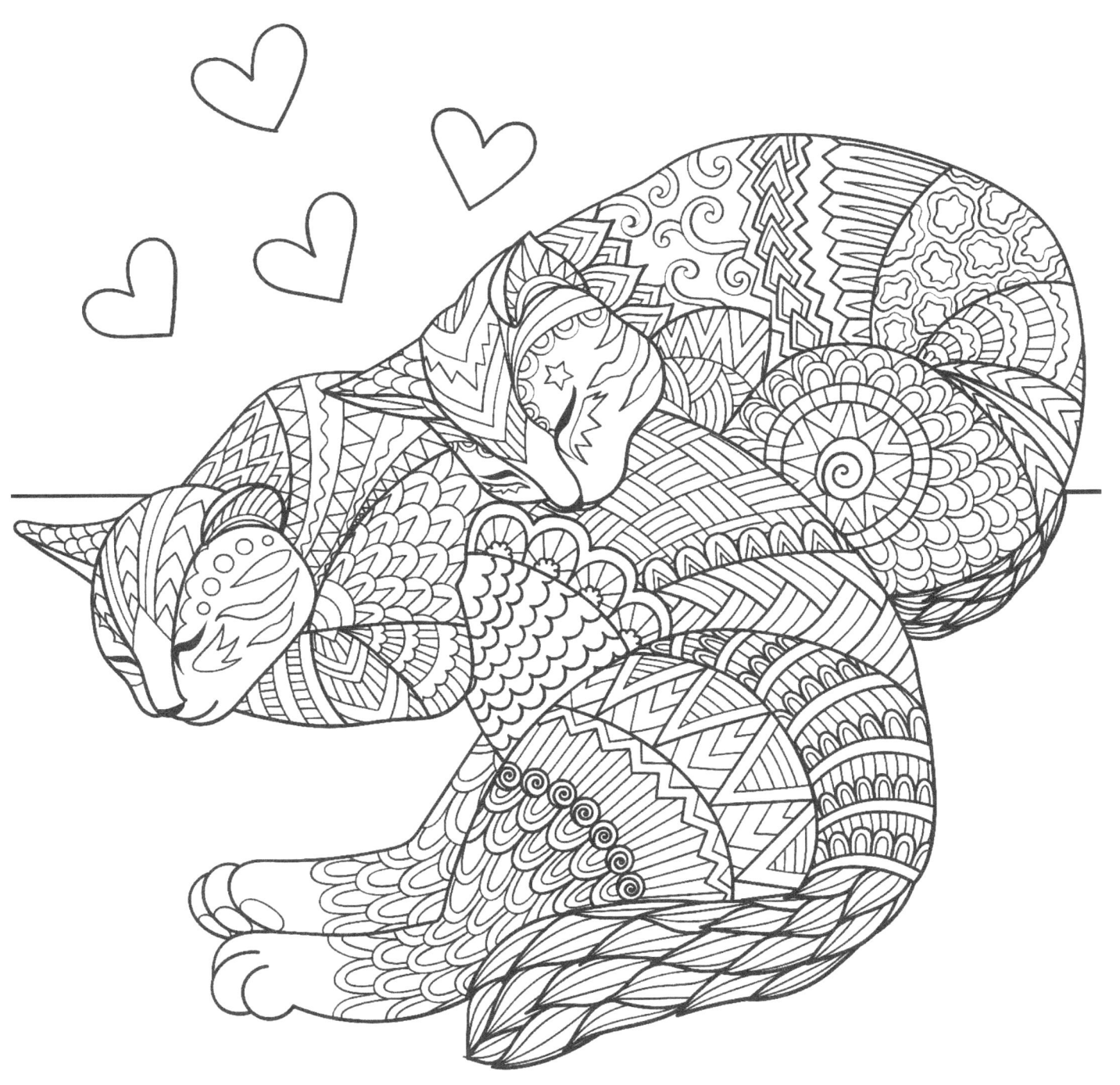

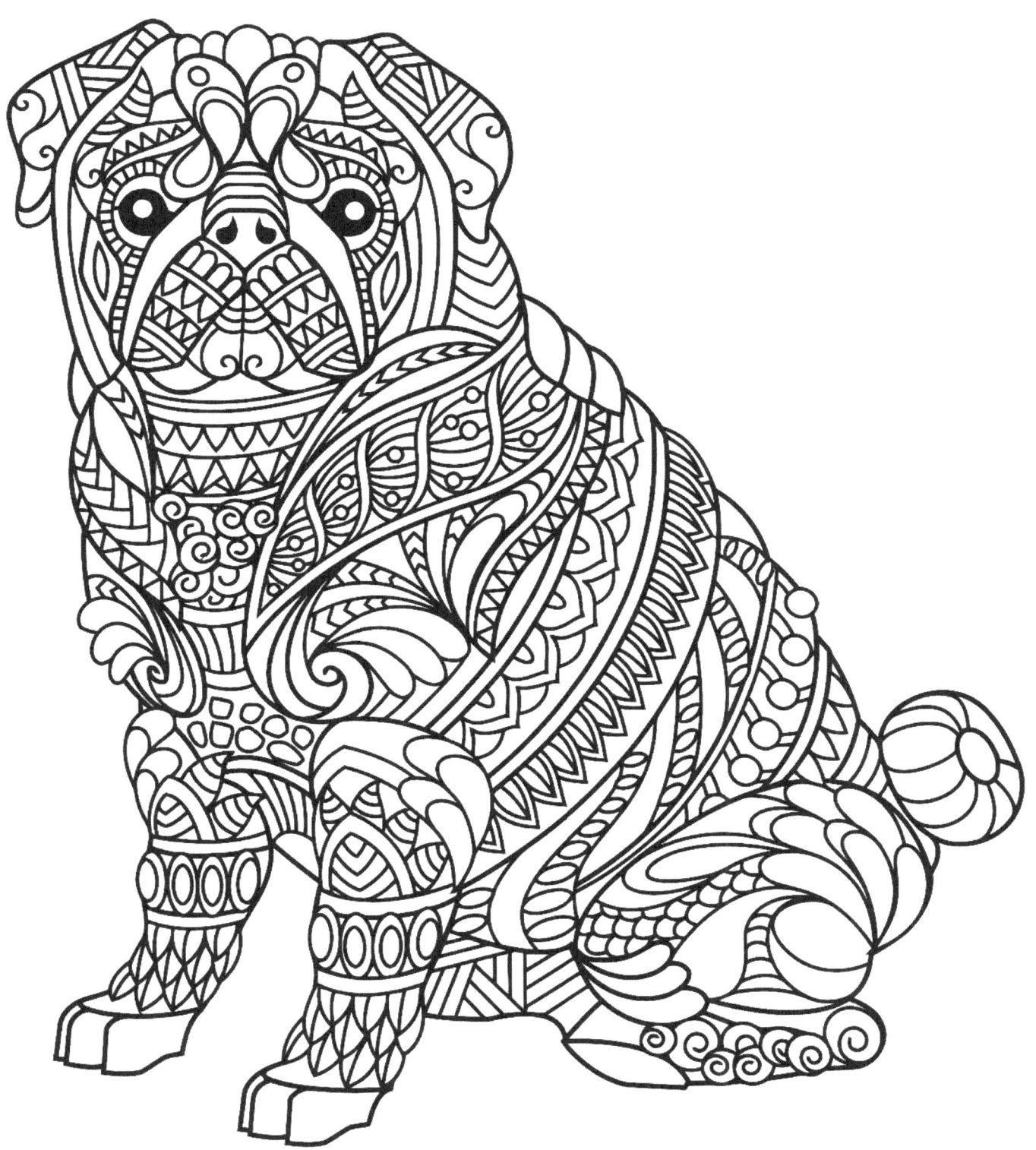

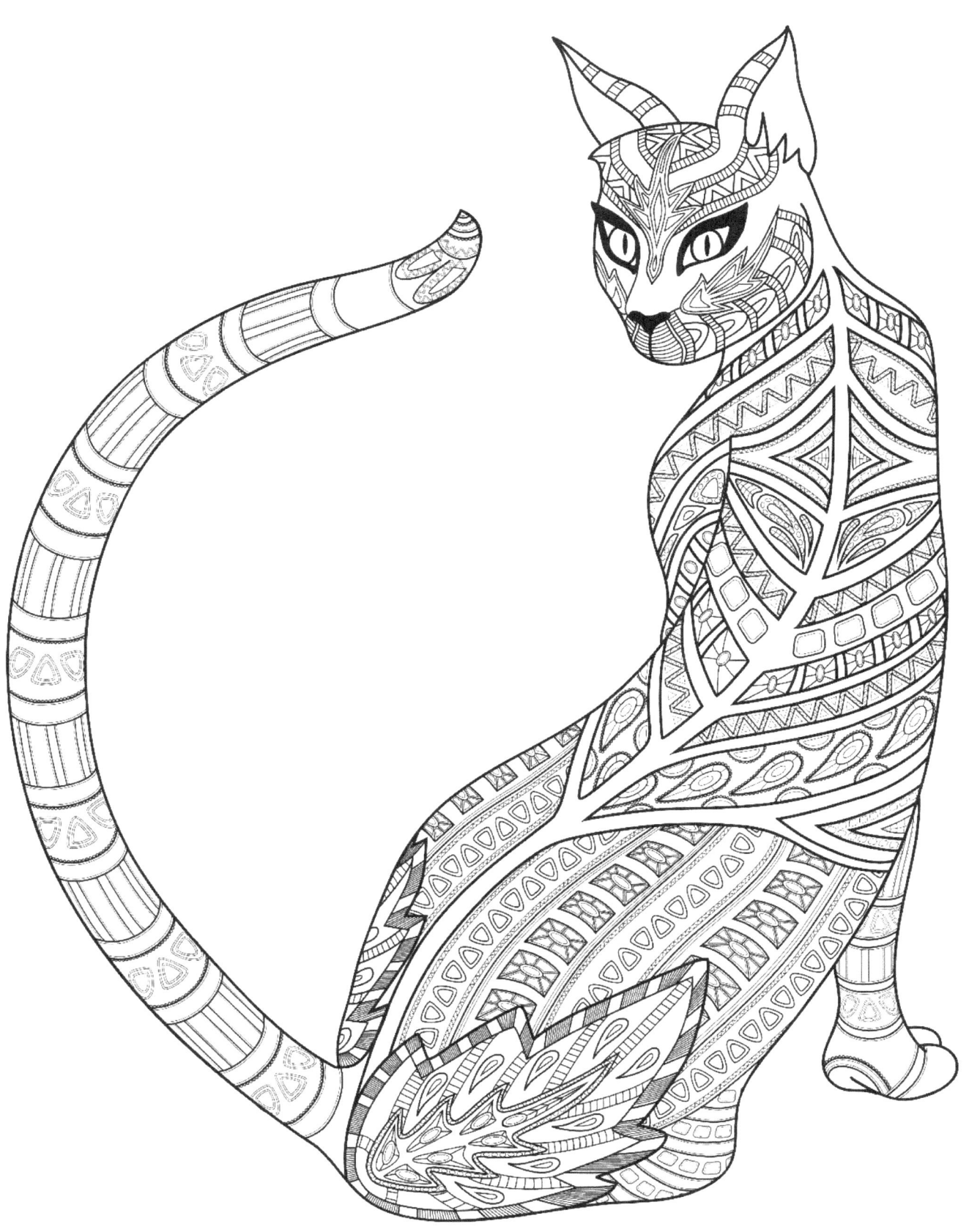

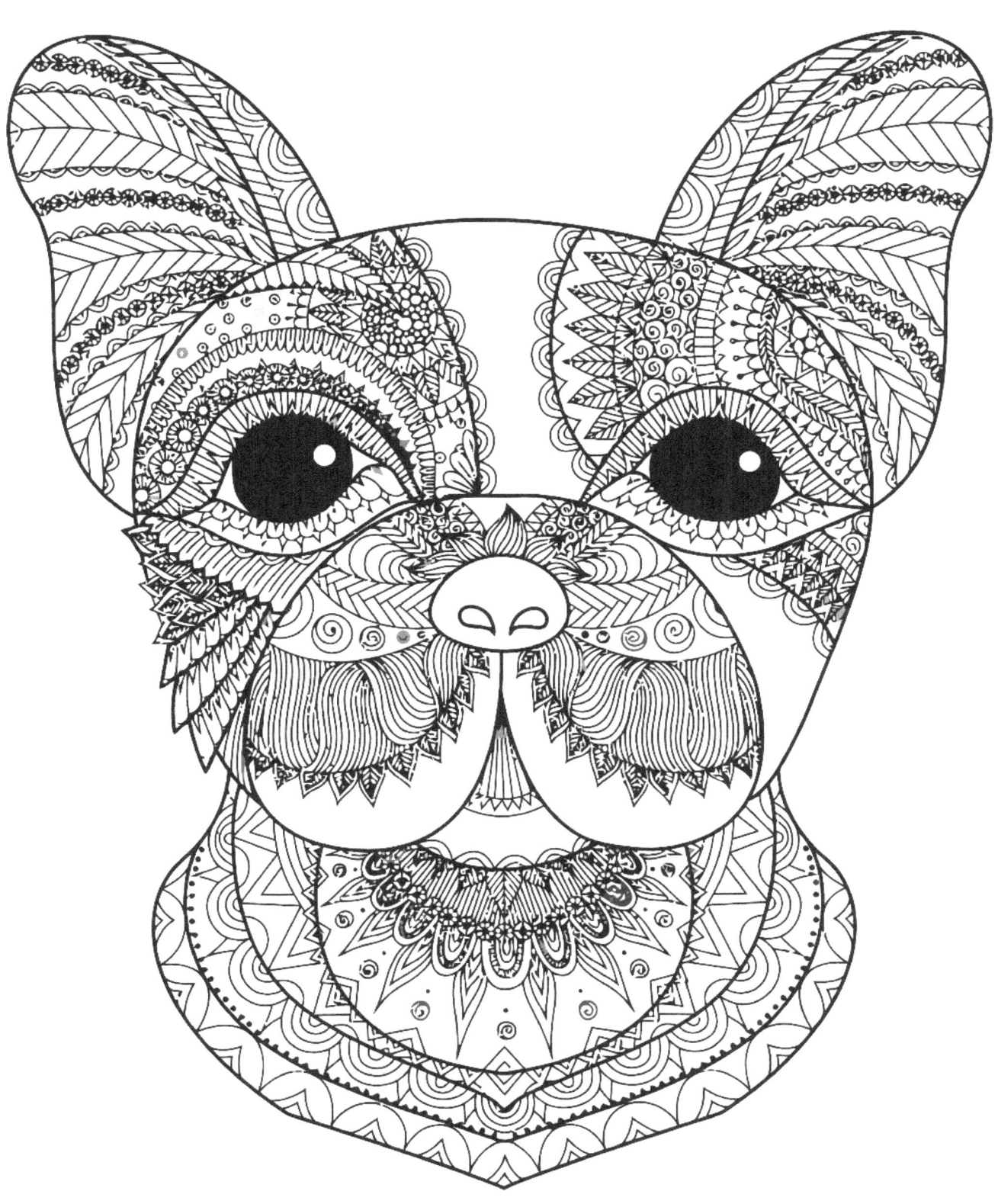

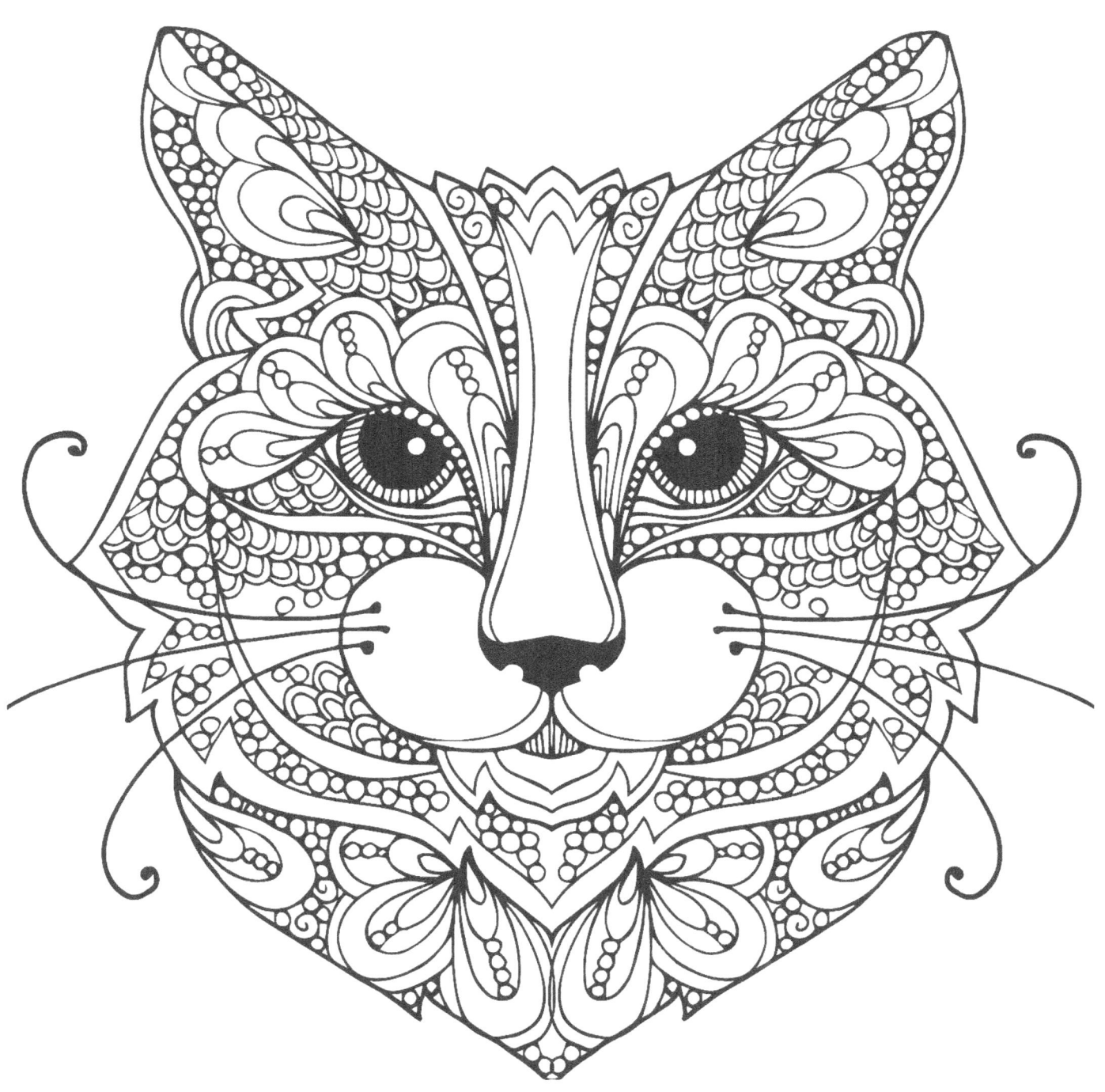

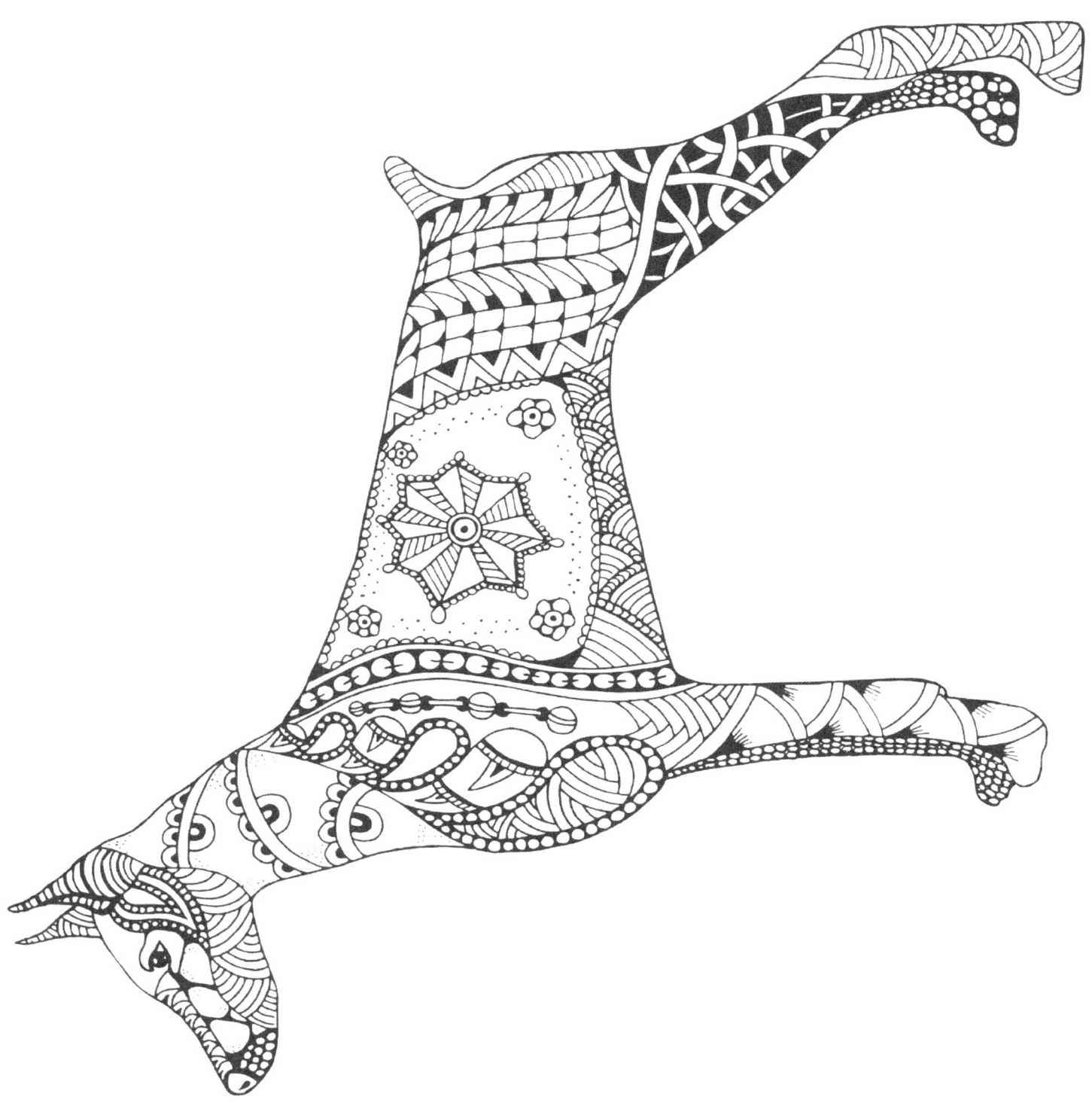

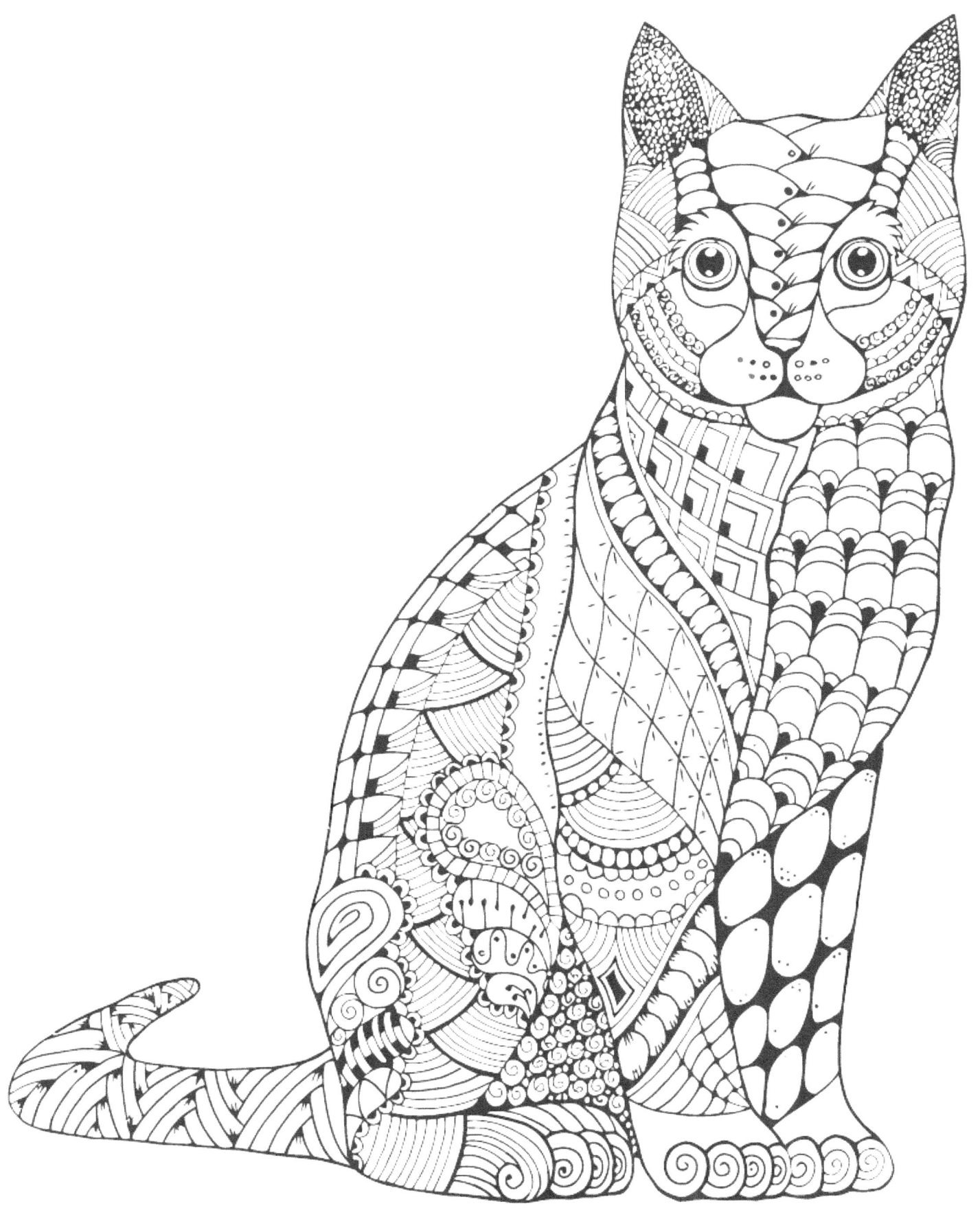

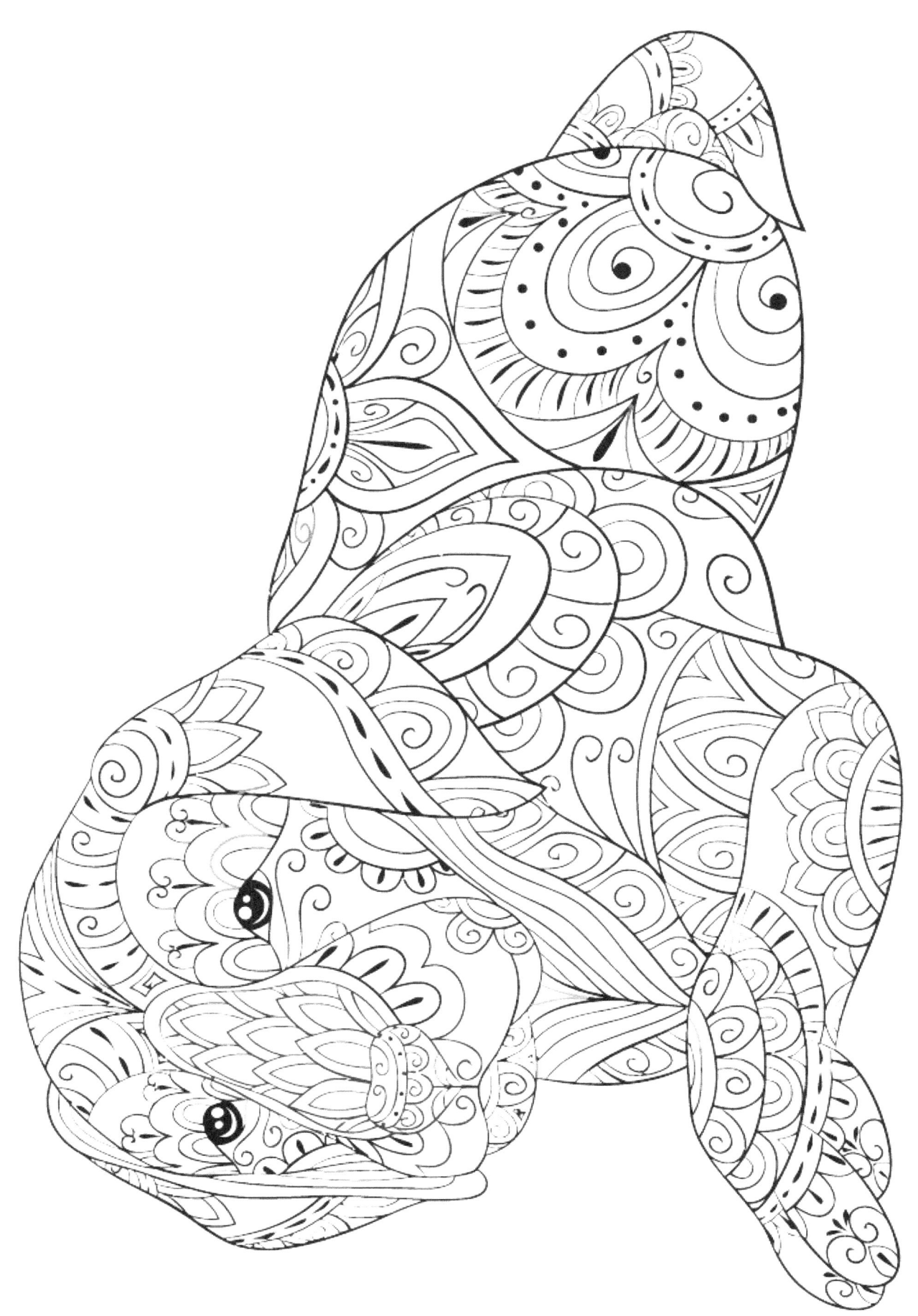

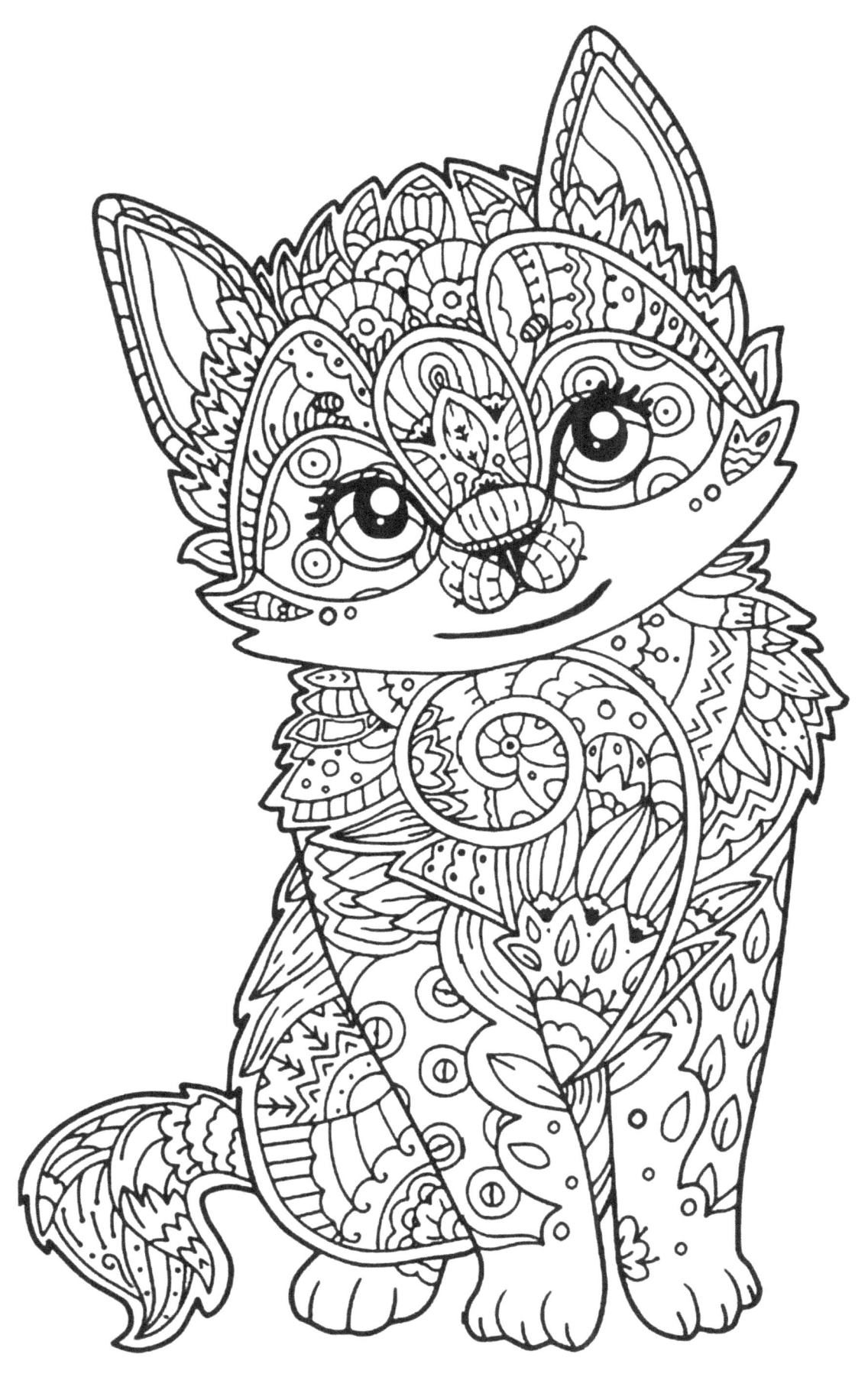

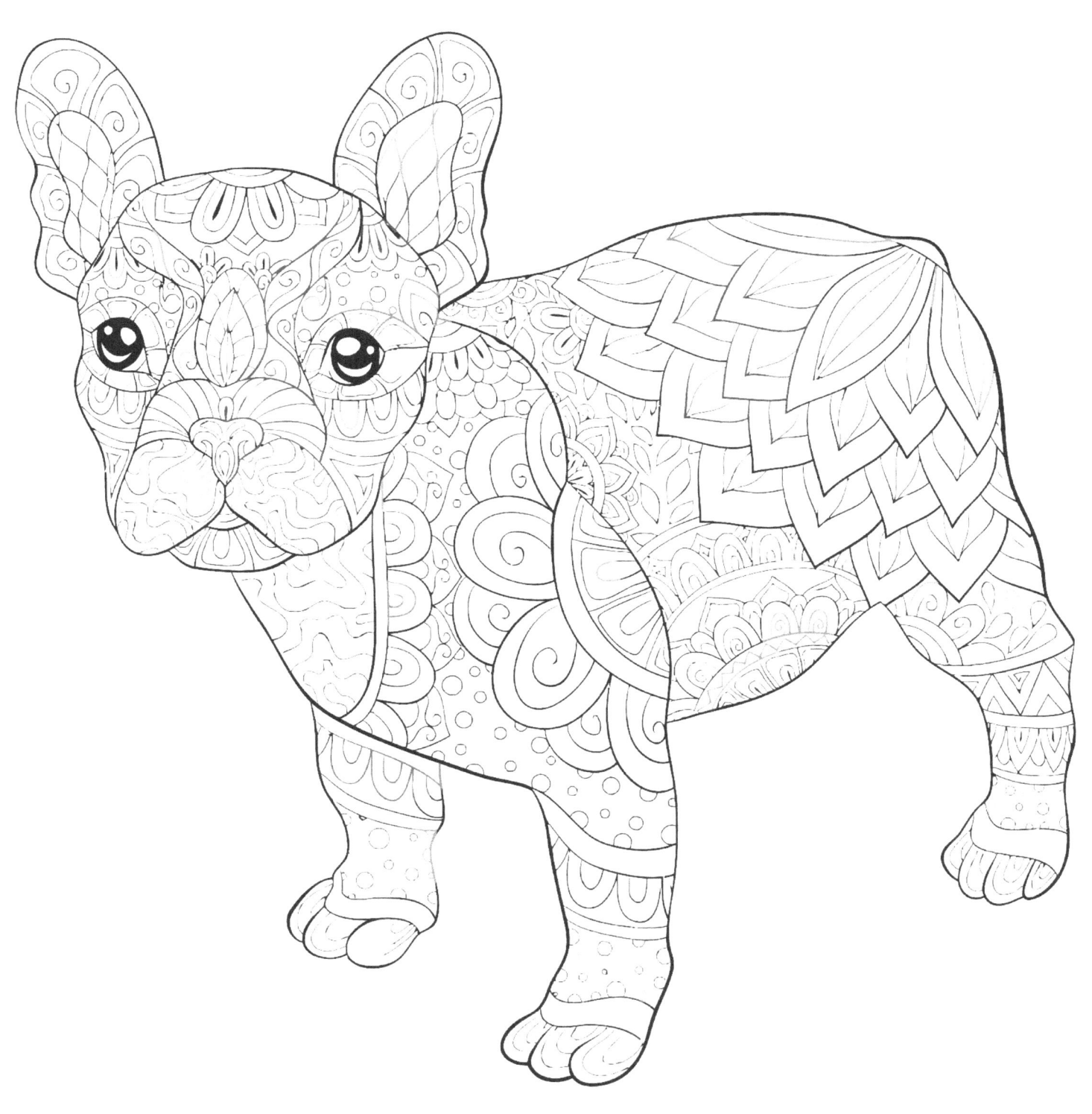

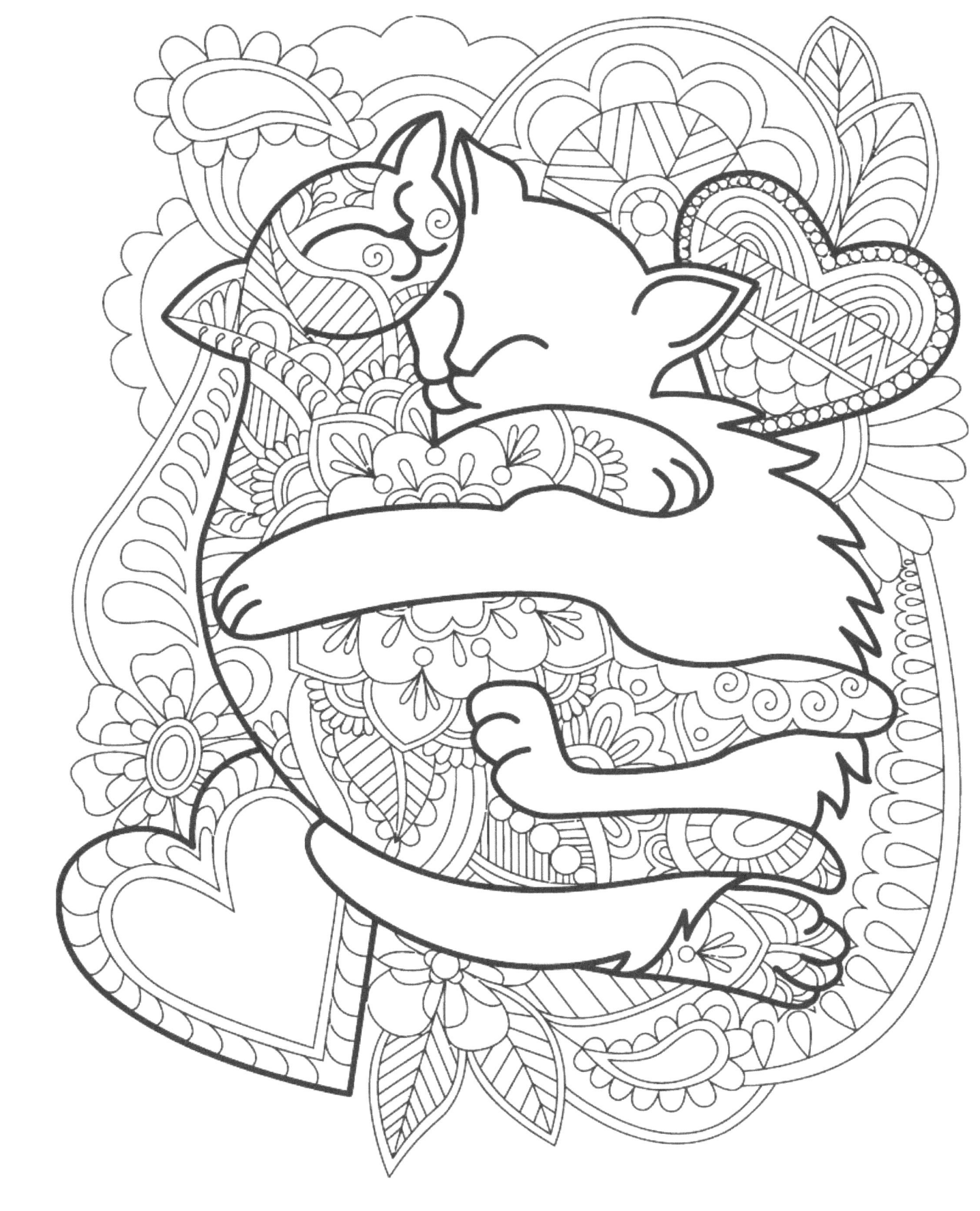

Copyright © 2022 – Wonderful Press
All rights reserved.

www.ingramcontent.com/pod-product-compliance
Lightning Source LLC
Chambersburg PA
CBHW080505220526
45465CB00006B/2381